흔적

파독1세대 신앙고백과 삶의 기록들

흔적

초판 1쇄 펴낸날 | 2020년 8월 24일

지은이 | 박경란
펴낸이 | 이종근
펴낸곳 | 도서출판 피플앤북스
공급처 | 도서출판 하늘아래

주소 | 경기도 고양시 일산동구 하늘마을로 57-9 3층 302호
전화 | 031-976-3531
팩스 | 031-976-3530
이메일 | haneulbook@naver.com

등록번호 | 제300-2006-23호

파독 1세대
신앙고백과
삶의 기록들

흔적
die Spur

박경란 지음

피플앤북스

지나간 자리에는
흔적이 있다

_ 박경란 저자

어느 날 밤이었다.

밤새 뒤척이다 성경을 펼쳤다. 갈라디아서 말씀을 읽다 '흔적'이라는 단어가 가슴에 다가왔다.

바울의 고백이다.

"내가 내 몸에 예수의 흔적을 지니고 있노라."

(갈 6:17)

독일에 살면서 상처를 가진 사람들을 더러 만났다. 나 또한 예외가 아니었다. 상처가 지나간 자리에는 크고 작은 흔적이 마른 우물처럼 패여 있었다. 몇 개의 흔적은 마음에 각인되어 바람이 스쳐 지나갈 때마다 쓰리고 아팠다. 태어난 곳에서 살고 있었더라면 혹여 경험하지 않았을 거라 다독였다. 그러자 조금은 마음에 위안이 되었다.

본토 아비집을 떠나 이방인으로 살다보면 때론 혹독한 광야가, 때론 날 선 검들이 앞을 가로막는다. 그 길에서 쓰러짐과 일어섬의 반복을 경험한다. 왔던 길을 또다시 가게 되면서 후일에야 깨닫곤 한다. 고단한 경험 후에는 내 안의 단단한 자아의 얼음이 깨진다는 것을.

미처 깨지지 않은 얼음은 내 삶의 기저를 둥둥 떠다니다 어느 순간 다시 꽁꽁 얼기도 했다. 질곡의 과정을 겪으면서 깨어짐을 거듭하다 본질적 자아와 만났다.

나처럼 이곳 독일에 왔고, 또 머물렀다가 생을 마감한 이들의 삶을 들여다보았다. 그들 모두 자신만의 흔적을 가지고 있었다. 나는 그들의 삶 속에서 무엇이 다시 꽁꽁 언 얼음이었고, 또 무엇이 흔적을 아물게 했는지 궁금했다. 그리고 그 흔적의 지우개는 오직 한 분만이 줄 수 있는 십자가의 사랑임을 알게 되었다.

나는 재독 한인사회의 근간을 이룬 곳이 교회라고 믿는다. 한인 지역사회의 중심이 된 교회에는 기독교인들의 삶과 간증이 살아 있었다. 이방 땅에서 곤고했던 그들에게 하나님은 다가가셨다. 한 영혼마다 찾아가 독일 땅으로 부르신 하나님의 계획을 깨닫게 하셨다.

2020년은 독일이 통일된 지 30년이 되는 해다. 여전히 분단의 장벽으로 막혀 있는 한반도 상황에서 독일의 통일은 우리에게 시사하는 바가 크다. '철의 장벽'이 한창이던 60~70년대 동양의 작은 나라 한국에서 온 청년들은 독일의 분단 상황이 낯설지 않았다. 그들 대부분이 일제 강점기 시절에 태어났고, 어두운 전쟁 후 폐허의 그늘 속에서 유년을 보냈다. 당시 사랑하는 조국도 반 토막 난 상태였다. 시온성을 잃은 이스라엘 민족이 바빌론의 강가에서 눈물지었던 것처럼 회한의 조국을 그리워하며 가슴에 담았다. 그들은 고국을 향해 두 손을 모았고, 소망을 품었다.

신앙을 가진 파독인들은 먼 이국 땅 자신이 선 자리에서 견디어 낼 근간으로 소망 위에 십자가를 굳게 세웠다. 그들은 자신의 십자가를 부여잡고 고통과 설움의 시간을 이겨냈다. 기도는 그들을 치유하고, 강물이 되어 동토의 땅 독일을 녹였다. 흘러넘친 기도의 강물이 독일 통일을 이끌어낸 담금질이 되었을 것이라고, 난 자부한다.

독일의 초창기 한인 공동체는 파독 1세대들이 모인 교회를 중심으로 활발하게 태동했다. 고국에서 이미 십자가의 복음을 알았던 이들은 믿지 않은 동료들의 손을 이끌었다. 기도 모임을 만들었고 그것은 교회가 되었다.

파독 근로자들은 독일 이민사회의 통합에 기여한 긍정적인 모델로 남아 있다. 그것은 초창기 복음의 횃불을 들고 선구자의 길을 걸었던 재독 한인 그리스도인들의 밀알 같은 인생에 기인한다. 그들은 삶의 현장에서도 헌신적이었고, 이국 땅에서 당당하게 후세들을 키워왔다.

　　어느 날부턴가 이들의 이야기를 담는 것이, 나에겐 독일 땅에 살고 있는 작은 자의 소명 같았다. 부르심에 따라 지난 2018년 1월부터 진행된 국민일보(총 20회 연재)에 한인 디아스포라의 삶과 간증을 게재했다. 이러한 낱개로 모인 알알들이 밑천이 되어 한 권의 책이 세상으로 나왔다.

　　불꽃처럼 치열하게 살다간 그들의 역사를, 부족하고 초라한 나의 질그릇에 담는 것은 버거웠다. 그러기에 하나님의 은혜가 절실했다. 하나님은 그들을 직접 만나셨고, 난 단지 그의 심부름꾼으로 받아 적기 시작했다.
　　이 책은 그들의 사랑, 이별, 일, 가족 등 평범한 일상 속에 하나님이 어떻게 동행하셨는지를 담담하게 녹여 낸 것이다. 필력의 미천함으로 저자의 지혜가 끝나는 곳에서 독자 분들의 깨달음이 시작되리라 생각한다.

　　나는 이 책을 전 세계 디아스포라로, 이름도 빛도 없이 거룩한 흔적을 남기고 떠난 신앙의 선배들에게 바치고 싶다.

"또 나를 위하여 구할 것은 내게 말씀을 주사
나로 입을 열어 복음의 비밀을
담대히 알리게 하옵소서 할 것이니."(엡 6장 19절)

2020년 여름

|목차|

나이팅게일의 꿈,

전장이 아닌 삶에서

_이웃 사랑을 실천하는, 박명희 집사

여기 귀엽고 앙증맞은 소녀!
그럼에도 야무진 그녀에게 삶은 더욱더 도리질 치고
불어 닥친 시련 속에서 마음에 담은 사랑 하나 가지고
시간의 모래톱을 이다지도 달려왔단 말인가

"사람이 마음으로 자기의 길을 계획할지라도 그의 걸음을
인도하시는 이는 여호와시니라."(잠 16:9)

열세 살의 어린 명희는 크림전쟁의 숭고한 천사 '나이팅
게일'을 읽으며 오열했다. 감동이 복받쳤다. 당시 한국전쟁
이 한창이었다. 나이팅게일처럼 용감하게 전장에 나가고 싶
었다. 곧바로 집 근처 인민군 본부로 내달렸다. 이데올로기는
상관이 없었다. 나이가 어리다며 거절당하자 2년 후엔 육군
본부로 갔다. 군인들의 눈에 그는 철없는 아이일 뿐이었다.
박명희 집사(83세)는 어릴 때부터 천진한 욕망과 열정으
로 꿈틀거렸다. 나이답지 않게 조숙한 면도 있었다. 장롱 안

에 숨은 아버지를 잡으러 온 인민군을 따돌리기도 하고, 전쟁 통에는 어른들만 동원되는 부역에 용감하게 부모를 대신해 나가기도 했다.

그는 황해도 해주에서 태어나 고급 공무원이었던 아버지를 따라 황해도 연백으로 이주했고, 또 개성으로 옮겨 초등학교 5학년까지 보냈다.

1948년, 집 근처에서 몇 번의 총격전이 벌어지자 동생을 데리고 기차를 타고 서울에 사는 할머니 집으로 내려왔다. 3개월 후 아버지도 남은 가족과 함께 38선 이남으로 이주해 왔다. 그로부터 2년 후 한국전쟁이 발발했다.

1956년, 그는 기독교 학교인 이화여대 간호학과에 입학했다. 매주 채플시간에 말씀을 들으면서 그리스도의 인간애에 주목했다. 이웃사랑을 강조했던 예수님이 시대를 살리는 희망처럼 다가왔다. 당시 그에게 예수는 숭고한 휴머니스트였다. 대학 재학 동안 전국으로 계몽운동을 다니면서 남을 돕는 일에 먼저 팔을 걷어 붙였다. 대학 채플에 참여하면서 종교적 소명의식도 자라났다.

"원래 난 성당에 나갔어요. 아마 중학교 3학년 때부터였을 거예요. 그런데 아버지의 부임지 때문에 이사를 가다보면 항상 교회 십자가가 먼저 눈에 띄는 거예요. 꼭 날 손짓하는 것 같아 그때부터 나 혼자 교회를 다니기 시작한 거죠."

그는 대학 졸업 후 안정적인 병원 간호사의 길을 마다했다. 누구나 부러워하는 교육자의 길도 포기했다. 그 길은 누가 봐도 꽃길이었다. 그는 그리스도의 삶처럼 아무도 가지 않는 길을 택했다. 예수님처럼 좁은 길을 선택해야 한다고 생각했다. 남을 돕는 일을 삶의 목표로 삼은 그에겐 예수는 가장 적절한 롤 모델이었다.

당시 전쟁고아가 많았다. 헐벗은 이들이 지천이었다. 전남 목포의 영아원에서 일손이 부족하다는 소식을 듣고 달려갔다. 집에서는 과년한 큰 딸의 목포행을 반대했다. 하지만 그의 고집을 꺾진 못했다.

영아원에서 일하는 동안 잠을 3시간 이상 자본 적이 없었다. 낭만적인 목포 바닷가를 한가하게 거닐어본 기억도 없다. 주어진 사명이 있었기에 피곤함도 몰랐다. 그는 그때를 '신명을 바쳐 일한 인생 최고의 시기였다'고 회고했다.

가난과 병마로 뼈가 앙상한 전쟁고아들은 박 집사의 사랑으로 점점 회복되어 갔다. 하지만 그 중에는 병을 이기지 못하고 안타깝게 짧은 인생을 마감하는 아이들도 있었다.

"새벽에 아이들이 아프면 뒤로 들쳐 업고, 앞으로도 안고 병원으로 내달렸어요. 뒤에 업은 아이가 병원에 도착할 때쯤엔 이미 죽은 경우도 있었어요. 그러면 슬픔 때문에 하루 종일 그 아이를 안고 울었어요. 그때 영아원을 운영하시는 하 장로님이 '그 아이는 박 선생의 사랑을 받고 떠났잖아요' 하며 위로해 주셨지요."

그곳에서 박 집사는 일생일대의 사랑을 만났다. 예수 그리스도와의 깊은 만남, 또 하나는 평생 잊을 수 없는 이성(異性)과의 교감이었다.

"내 나이 스물세 살에 만난 첫사랑이었죠. 그 남자는 나보다 두 살이 어렸어요…… 하지만 인생에서 각자의 사명이 있었던 모양입니다."

그 남자의 고모가 박 집사를 교회로 이끌었다. 그때 그는 하나님을 깊이 만났다. 단순한 박애주의자 예수가 아닌, 인류를 위해 십자가에 매달린 큰 사랑을 알게 된 것이다.

첫사랑 이야기가 나오자 팔십이 넘은 박 집사의 볼이 약간 붉어졌다. 문득 '사랑은 천지창조의 시작이고……'라는 에밀리 디킨슨의 말이 떠올랐다. 사랑은 어쩌면 모든 인간에게 창조의 시작인지 모른다. 그에게 첫사랑은 '인생의 길에서 기쁘게 삶을 대면할 수 있도록 용기를 준 추억'이었다. 하지만 풋풋한 사랑의 기억은 길지 못했다. 남겨지는 것은 아픔과 그리움일까? 그리움은 흔적이 되어 오래도록 남아 있었다.

1년 후 박 집사는 아버지의 뇌졸중 소식을 듣고 급히 상경했다. 그리곤 다시 목포로 내려가지 못했다. 시간이 흘러 대한석탄공사 화순광업소의 보건행정 간부로, 청주 희망원과 서울 충현 영아원에서도 일을 했다.

그는 자신을 필요로 하는 곳이면 어디든 달려갔다. 충현 영아원에서 일할 때, 교사들이 묵는 기숙사를 마다하고 고아들과 가장 가까운 후미진 다락방에서 생활했다. 그곳은 언제든 아이들이 부르면 달려갈 수 있는 위치였다. 고아들을 볼 때마다 목포에서의 삶을 잊을 수가 없었다.

자신의 인생에 가장 행복했던 기억은 '첫사랑의 그 분과 헤어진 지 10년 후 서울 무교동의 거리에서 우연히 만났을 때'라고 고백할 정도였다. 당시 박 집사는 이미 다른 남자와 결혼을 하고 두 명의 아이를 낳은 후였다. 삶의 순간에는 어찌할 바 몰라 돌아서야 하는 때가 있는 법이다. 그들은 그렇게 뒤돌아섰다.

그의 삶에서 탈출구였을까? 당시 춘천간호학교(현 한림성심대학교)에서 교수 청빙이 있었다. 기억을 잊기 위해서는 있던 자리를 떠나는 것이 한 방법이었다.

"서울을 떠나고 싶었지요. 춘천에서 5년을 일하다 파독 간호사로 독일에 왔답니다. 그냥 한국을 떠나고 싶었던 거죠."

1975년, 그의 나이 서른일곱 살이었다. 그가 가르쳤던 간호학과 제자들이 먼저 독일로 향했다. 말하자면 파독 간호사 기수로 따지면 제자들보다 후배인 셈이다.

그는 독일을 '하나님이 제공한 도피처이자 귀양살이'라고 생각했다. 지나온 삶에 속죄하는 마음으로 앞만 보며 열심히 일했다. 학벌이나 가문은 그에게 한낱 군더더기일 뿐이었다. 독일병원에서 자신이 가르쳤던 제자들의 동료가 되어 동고동락하며 공손한 삶의 길을 걸었다. 그는 과거의 기억이 떠오르며 뭔지 모를 가슴 속 통증이 스멀거리면 십자가 앞으로 달려갔다. 하나님은 그때마다 그를 회복시키며 본연의 존엄성을 일깨워주셨다.

박 집사는 5년 후 고국에서 두 아들을 데려와 독일에서 의사로 훌륭하게 키워냈다. 그의 말대로 독일에서의 삶은 지나온 삶에 대한 자성과 회한의 시간이었다. 그래서 그의 삶의 태도는 바뀌어 갔다. 이웃을 향해 희망을 선물하는 '엄마'이자 '왕언니'로 불렸다.

그의 곁에는 늘 외롭고 병든 성도들이 있다. 가정문제와 암 투병중인 교민들을 위로하고, 오갈 데 없는 이민자들에게는 손을 내민다. 홀로 사는 그는 방 한 칸을 비워놓고 누구나

오면 묵을 수 있도록 한다. 생활이 고단한 교회 청년들을 불러 소리 없이 음식을 대접하는 일도 그의 몫이다.

　팔십이 넘은 노구에도 손수 삼겹살을 구워 청년들의 위장을 채워주며 다독인다. 세월을 이겨낸 얼굴엔 온화한 섬김의 그리스도가 풍겨난다. 백발의 나이팅게일의 미소가 그의 얼굴에 보석처럼 반짝이며 빛난다. 그의 미소가 늙지 않는 이유다.

그를 만난 날은 봄기운이 한창 무르익는 5월이었다. 그의 정원에 있는 꽃들과 채소들은 정성이 묻어난 주인장의 성품과 어우러졌다. 난 그를 만나러 가기 전, 말씀을 묵상하며 오늘 만남 또한 주님이 임재하시고 이끌어주시길 간구했다. 기도하던 중 하나님은 그에 대한 묵상말씀을 허락하셨다. 스바냐 3장 17절이었다.

"너의 하나님 여호와가 너의 가운데에 계시니 그는 구원을 베푸실 전능자시라. 그가 너로 말미암아 기쁨을 이기지 못하시며 너를 잠잠히 사랑하시며 너로 말미암아 즐거이 부르며 기뻐하시리라 하리라."

박명희 집사에 대한 하나님의 마음임을 단번에 느낄 수 있었다. 하나님은 그를 잠잠히 사랑하시며 기뻐하신다는 생각이 들었다. 참 놀랍게도 인터뷰 중에 그의 입에서 가장 좋아하는 성경구절이 바로 이 말씀이라는 고백을 들었다. 하나님이 일하시구나, 새삼 울림이 있었다.

그는 교회와 한인사회, 그리고 지역사회를 소리 없이 돕는 천사다. 익명으로 어려운 이웃을 돕고 나중에 혹시라도 알게 되면 오히려 부끄러워하며 하나님께 영광과 찬송을 돌린다. 이국생활에 어려움을 겪는 이들을 향해 누구를 막론하고 손을 내미는 그다.

그는 모든 행위가 지나온 자신 삶에 대한 회개와 성찰이라고 표현했다. 그는 타고난 실천주의자다. 문장 속의 성경말씀이 아닌 그것을 직접 실행하는 믿음의 증인이다. 다른 이들을 통해 들은 풍문으로는 한국 영아원에서 일할 때, 자신의 두 아들 또한 고아들과 똑같이 키웠다고 한다. 그의 이웃사랑의 삶을 보여주는 실례다.

미국의 정신분석학자 에리히 프롬은 '사랑의 기술'에서 사랑을 다섯 가지로 정의할 수 있다고 말한다. 관심, 책임, 존중, 이해, 그리고 주는 것. 알고는 있지만 행위가 따르지 않으면 아무 의미가 없다.

요즘은 믿음과 행위가 일치하는 삶을 사는 이를 보기가 힘든 세상이다. 그러기에 팔십이 넘은 노구에도 먼저 손을 내미는 그의 모습이 귀하다. 그를 통해 예수 그리스도의 분신을 보게 되기에 그렇다.

천하보다 귀한
한 영혼을 찾아서

_간호사에서 목사로, 파독 간호사들의 대모, 박옥희 목사

"무리와 제자들을 불러 이르시되 누구든지 나를 따라오려 거든 자기를 부인하고 자기 십자가를 지고 나를 따를 것이니라."(마 8: 34)

독일 한인 최초 여성 목사!
파독 간호사들의 신앙적 대모!

박옥희 목사가 가진 타이틀은 결코 녹록치 않다. 그는 초창기 파독 간호사들에게 자신의 집을 내어주며 소그룹 모임을 활성화시킨 여성 목사다. 복음을 전하는 일이라면 먼 데라도 마다하지 않고 달려갔다. 그는 지난 50여 년 동안 독일에서 예수로 살고 예수로 죽고자 결단한 삶을 살아왔다.

박 목사(82세)는 1939년 전남 신안군 압해도에서 태어났다. 7남 2녀의 넷째로, 가난하진 않았지만 정신적으로 고단했던 어린 시절을 기억하고 있었다. 다섯 살 때부터 자살을 입에 담았다. 면장으로 지역 유지였던 아버지는 보수적이고 엄격했다. 할아버지는 공자를 사랑했고 할머니는 불교 신자였다. 그 시대는 아들 선호사상 탓에 딸은 안중에도 없었다. 집에 들어가면 이방인처럼 외로웠다.

"어느 날 죽으려고 물에 뛰어들었는데 물 위에 갑자기 어머니 얼굴이 보이는 거예요. 어머니 얼굴 한 번 더 보고 죽어야지, 하고 집에 돌아왔는데 어머니가 절 기다리며 맛있는 밥상을 차려 놓고 있었어요."

어머니의 따뜻한 밥상을 마주했지만 시름은 여전했다. 그날 이후로도 그는 여전히 자살을 꿈꿨다. 하지만 죽음의 기회는 쉬 찾아오지 않았다. 그러던 어느 날, 이웃 집 교회 여 집사의 인도로 예배당을 가게 되었다. 언니를 전도하려던 이웃의 계속되는 요청에 어머니는 결국 동생인 박 목사를 동행시키는 조건으로 허락했다. 언니는 박 목사보다 여섯 살이 많은, 결혼 정년기의 나이였다. 이를테면 언니의 보호자 자격으로 방문한 셈이다.

그날 그는 또렷한 하나님의 음성을 들었다. 그것은 인생의 가치관을 바꿀 귀중한 말씀이었다.

"옥희야! 너는 하나님이 만들었다. 너는 하나님의 딸이다."

그 음성을 들은 후 박 목사의 삶은 바뀌었다. 성경책도 없던 시절이라 하루하루 말씀이 그립고 목말랐다.

1949년 압해 중앙성결교회에서 신년 부흥회가 열렸다. 그는 집에서 1시간 30분이 넘는 먼길을 걸어 부흥회에 참석했다. 하나님은 어린 옥희를 뜨겁게 만나주셨다.

"그날 부흥회가 끝나고 언니에게 먼저 집에 가라고 하고 저는 교회에 남아 철야기도를 했어요. 강대상 앞에서 간절히 기도하는데 부모님이 지옥 가는 환상이 보였어요. 그날 얼마나 울며 뒹굴었는지……"

그때부터 박 목사는 복음을 전하는 이로 살아야겠다고 다짐했다. 자신의 일생에 획을 긋는 드라마틱한 시간이었다. 주의 종으로 결단한 것도 그때였다. 하지만 교회를 드나들수록 부모님의 핍박은 심해졌다. 철저한 유교 집안이었기에 교회에 대한 불신이 컸다.

열일곱 살이 되던 해, 박 목사는 폐결핵을 심하게 앓았다. 찾아간 병원마다 장례를 준비하라며 고개를 내저었다. 마지막이라는 생각에 아버지 친구의 추천으로 목포 성모병원으로 실려 갔다. 그곳에서 기적과 같은 일이 일어났다.

"병원에 들어섰을 때 이미 사경을 헤매고 있었기에 부모님조차 포기할 정도였어요. 하지만 당시 절 진찰하던 미국인 의사가 6개월이면 낫게 해줄 수 있다며 지극정성으로 치료해줬

답니다. 그분은 예수님을 믿는 사람이었어요. 간호사들도 정말 따뜻하게 보살펴 주었어요. 아무도 거들떠보지 않았던 나를 안아주며 정성을 다하는 모습에 예수님을 믿지 않던 어머니가 감동을 받았답니다."

그의 회복은 복음의 열매를 거두었다. 먼저는 어머니가 그날부터 교회를 출석하게 되었고, 박 목사에겐 또 다른 도전이 생겼다. 이미 복음 전하는 사람으로 살기로 결단했던 그가, 병을 치료하는 의료진의 소망까지 얻은 것이다. 그는 알베르트 슈바이처 박사 같은 의료선교사가 되고 싶었다. 한 손에는 성경책을, 한 손에는 왕진가방을 들고 아프리카를 향했던 숭고한 신앙을 닮고 싶었다. 그러려면 슈바이처의 나라인 독일로 가야 한다고 생각했다.

그의 소망은 적시에 응답이 되었다. 하루는 그가 재학 중이던 광주 숭의실업고등학교 교장 선생님이 호출을 했다. 지금 생각해도 놀라운 타이밍이었다.

"네가 평소 근면 성실하니 독일 사람과 성격이 비슷한 것 같구나. 우리 학교에서 독일에 간호학생으로 갈 아이를 추천하려고 하는데 졸업 하면 가볼 생각이 있니?"

교장 선생님의 제안은 마치 하나님의 부르심처럼 들려왔다. 주저할 필요가 없었다. 독일은 그가 꿈꾸던 슈바이처의 나라가 아닌가.

하지만 부모님의 허락을 받아야만 했다. 부모님은 죽을 고비를 넘긴 딸의 건강을 늘 염려하고 있었다. 그러니 먼 타향생활은 언감생심이었다. 박 목사는 홀로 6개월 동안 기도를 드렸다. 기도제목은 당연했다. 부모님이 독일행을 반대하지 않는 것.

6개월이 지난 후 조심스레 이야기를 꺼내자 어머니는 '나는 너를 낳기만 했지 너는 하나님의 딸이다. 대신 몇 년만 있다 오너라.'라며 허락했다. 하나님은 이미 어머니의 마음을 준비시키고 있었던 것이다.

박 목사가 독일에 도착한 날은 1964년 10월 17일 토요일 저녁이었다. 그가 다닐 학교는 아그네스 카를(Agnes Carll) 간호학교였다. 파독 간호사 1진이 1966년이므로, 그들보다 2년이 앞선 독일 행이었다.

그는 종교개혁의 본 고장인 독일에 대한 남다른 기대감에 부풀었다. 그날 짐을 정리한 후 담당자에게 '내일 주일 예배를 드리려면 어디로 가면 되는지'를 물었다. 그러자 독일인 담당자는 '교회는 무슨 당치 않은 말이냐. 내일은 짐을 정리하라'고 했다.

첫날의 기억은 독일에 대한 깊은 흔적을 남겼다. 그가 생명처럼 여기던 주일성수를 하려 하자 오히려 독일 간호학교에서는 바리새인 취급을 했다. 박 목사에겐 또 다른 박해의 시작이었다. 주일성수를 하려던 그를 율법주의자로 바라보며 '자유로운 신앙'을 조언하기도 했다. 꿈에 그리던 이상형의 독일은 막상 그가 생각했던 것과 사뭇 달랐다. 그럼에도 하나님의 계획과 뜻이 신실하심을 누구보다 믿었다. 그가 늘 묵상했던 말씀은 누가복음 9장 23절이었다.

"누구든지 나를 따라오려거든 자기를 부인하고 자기 십자가를 지고 따를 것이니라."

어려운 상황이었지만, 주일성수를 지키고 자신에게 맡겨진 일은 최선을 다했다. 점차 그는 병원 환자들에게 천사로 소문이 났다. 외롭고 소외된 환자들의 손을 잡고 기도와 찬양을 함께 했다. 주변에서도 인정을 하기 시작했다. 병원에서는 복음 전하는 간호사로 정평이 났다. 간호 선교사라는 별칭까지 붙었다.

3년간의 간호학교를 졸업하자 한국에서부터 가졌던 '주의 종'에 대한 꿈을 실현하기 위해 신학교에 입학했다. 물론 방학 때는 간호사 일을 병행하며 병원선교 일에도 힘썼다. 그가 입학한 학교는 리벤첼러(Liebenzeller) 선교회 선교신학교였다. 리벤첼러 선교회는 허드슨 테일러가 창설한 중국내륙선교회 독일 지부다.

"학교에서 절 위해 많은 배려를 해줬어요. 기숙사비와 숙식비, 학비를 받았고, 매달 50마르크 용돈까지 챙겨주었어요."

어느덧 시간이 흘러 박 목사의 신학공부도 끝나갔다. 그는 학교를 마치자 귀국을 서둘렀다. 독일의 영적상황에 지쳐갔고 향수병이 심한 것도 이유였다. 하지만 독일 동료들은 귀국을 만류했다. 자신이 다니던 신학교의 플라움 학장은 파독 근로자들을 위한 선교사 제안을 하기도 했다. 그럴수록 박 목사는 빨리 고국 땅에 돌아가고 싶었다. 무엇보다 독일 땅에 싫증이 났다. 고국을 떠난 후 7년만이었다. 그는 고국으로 돌아오는 비행기 안에서 다시는 독일로 돌아가지 않겠다는 다짐을 했다.

하지만 하나님의 뜻은 오묘했다. 공항에 도착하자마자 또다른 만남이 기다리고 있었다. 당시 UBF(대학생성경읽기선교회)에서는 독일에 간호 선교사를 파송하려던 참이었다. 선교단체에서는 당시 박무디 목자의 누나인 박옥희 목사가 독일에 있다는 것을 알고 있었다. 공항에 나온 선교팀은 박 목사에게 파송 간호사들과 함께 독일에서 다시 동역을 해달라는 부탁을 했다.

박 목사는 처음엔 거절했다. 하지만 하나님의 계획이 있을지 모른다는 생각에 일단 UBF 선교훈련을 받아보기로 했다. 그때부터 성령님은 그의 마음에서 일하셨다. 어느 교우의 결혼식 축가에서 흘러나온 '여호와는 나의 목자시니' 찬양을 들으며 회개가 터져 나왔다. 마음속에 가졌던 독일에 대한 부정적인 마음이 조금씩 누그러졌다. 결국 그는 부르심에 이끌려 한국에 온 지 1년 2개월 만에 독일로 다시 향하게 된다.

그날 독일로 오는 비행기에 문제가 생겼다. 항공기 사정으로 나리타 공항에서 머물게 되었다. 그는 공항 근처 호텔에서 3일 동안 머물며 또 한 번 깊은 회개의 시간을 가졌다. 그때까지도 마음에 채 가시지 않았던 독일에 대한 미움이 3일 동안의 전폭적인 기도로 단숨에 사라졌다. 니느웨를 가기 싫어했던 요나를 3일간 고래 뱃속에 머물게 했던 것처럼 박 목사에게도 그 시간을 허락하신 것이다. 박 목사는 자신의 계획을 철저히 십자가 앞에 내려놓고 눈물로 고백했다.

"독일 땅에 뼈를 묻어도 좋으니 이제는 하나님 뜻대로 하옵소서."

온전히 그 기도만이 입가를 맴돌았다. 독일에 온 그는 1972년 11월 독일 복음주의협의회 주관으로 졸링엔 루터교회(Solingen Lutherkirche)에서 목사 안수를 받았다. 최초의 한인여성 목사 안수였다.

그는 곧바로 재독 한인선교회를 설립하고 순회 선교사로 사역을 시작했다. 1980년부터는 한인교회 개척에 박차를 가했다. 교인 수가 50명이 넘어서면 새로운 목사님을 청빙해

인계를 하고, 그는 자유로운 몸으로 순회 선교사의 길을 걸었다. 재독 근로자를 중심으로 가정사역에 치중했고, 소외된 이들을 찾아 나섰다.

그의 선교사역을 통한 공로가 인정되어 독일 정부에서 2000년 대통령이 수여한 '십자공로훈장 사회 및 복지부문 수상자'로 선정되기도 했다. 뒤이어 2009년에는 바이에른 주 사회 공로메달을 받기도 했다.

51세가 되던 해 인생의 배우자를 만났다. 그때까지도 바울처럼 독신으로 살겠다고 고집했던 그였다. 어느 날 독일 목사들 모임에서 만난 요르겐 덴커 목사의 청혼에 그는 자기도 모르게 리브가처럼 '네 그렇게 하겠습니다'고 답변을 했다고 한다. 자신의 의지와는 상관없이 그의 입술은 덴커 목사의 청혼을 받아들이게 된 것이다.

하나님은 이후 하나가 아닌 둘을 묶어 열방을 품게 하셨다. 그는 남편 목사를 통해 늘 묵상하던 자기 부인과 자기 십자가를 더 깊이 깨닫게 되었다고 한다. 또한 결혼을 통해 하나님은 부부들의 문제를 보게 하고 중보하게 하셨다.

은퇴 후에는 남편 목사의 서원대로 한국 한남동에 있는 재한독일어권 교회에서 2년간 시무하면서 한반도 통일을 위한 기도에 집중했다.

그는 2016년, 박 목사의 삶의 간증과 신앙을 담은 〈천하보다 귀한 한 영혼을 찾아/ 꿈과 비전〉 자서전을 펴냈다. 그의 인생을 단적으로 표현한 제목이었다. 한 영혼 살리는 일을 하면서 평생을 바쳐온 그였다. 양육한 믿음의 자녀들 중 20여 명의 목회자와 10여 명의 사모가 배출된 것은 단적인 예다. 그들은 박 목사와 함께 지금도 기도로 동역한다.

오직 한 가지, 영혼 구원에만 평생을 바쳐온 그의 현재 소망이 궁금했다.

"저는 한 가지 밖에 없어요. 오직 예수! 계산을 해보세요. 한 영혼이 천하보다 귀한데 살아생전 한 영혼 구원을 위해 평생을 바친다 해도 후회가 없지 않겠어요?"

'온 천하보다 귀한 영혼이 새 생명을 얻는다면 그것보다 가치 있는 일이 어디 있겠는가'라며 덧붙인다. 평생 기회를 얻든지 못 얻든지 선교하다 주님 앞에 가는 게 기도제목이라는 그.

그는 요즘 중보기도를 사명으로 생각하고 있다. 그동안 인생 후반에 선교의 마음을 보냈던 캄보디아 땅을 위해서도 기도를 쉬지 않는다. 기도의 강물이 열방을 적셔줄 그때까지 말이다.

독일 남부의 작은 도시 로텐부르크는 중세시대를 걷는 오솔길 같다. 이 도시는 '중세의 보석'이라 불릴 정도로 고즈넉하다. 금방이라도 검은 망토를 입은 수도자가 골목에서 튀어나올 것만 같다.

가톨릭과 개신교가 전쟁을 벌인 30년 전쟁 당시엔 신교측이었던 로텐부르크는 가톨릭 측에게 점령당하기도 했다. 당시 점령군인 가톨릭측 틸리 장군은 로텐부르크를 불태울 것을 명령했다. 그러자 시 의원들이 연회를 베풀며 장군에게 명령을 철회할 것을 부탁했다. 술김에 릴리 장군은 3리터가 넘은 잔에 들어있는 와인을 한 번에 마시면 명령을 철회하겠다고 호탕하게 웃었다. 그때 시장이 일어나 와인을 단번에 마심으로써 시를 구해낸 일화가 있다.

그후 시간이 흘러 2차 세계대전 때에 위기를 겪었으나 다시 복원되어 지금은 옛 중세의 모습을 간직하고 있다. 독일은 이 도시를 현대화하지 않는다는 법을 통과시켜 현재 이곳은 중세 시대의 모습 그대로 보존할 수 있게 되었다.

로텐부르크 시내의 자랑거리 중 하나는 야콥스 교회다. 내부 장식에서부터 중세의 풍미를 그대로 노출시킨다. 이 교회에서 박 목사 부부는 은퇴 전 7년을 시무했다.
아내 박옥희 목사는 작지만 강단 있는 동양인 목사였다. 당시만 해도 알려지지 않은 작은 나라, 한국땅에서 온 이방인이었다.

하나님은 대한민국에서도 가장 후미진 작은 섬에 살던 그녀를 선교의 도구로 사용하셨다. 자살을 꿈꾼 어린 박옥희는 몇 년 후 종교개혁의 모태인 독일 땅의 선교사로 사역의 길을 걷는다. 전남 신안의 작은 섬에서 먼 나라 독일 로텐부르크까지 하나님은 그가 사용할 일꾼을 시공간을 초월해 이끌어내신다.

PRAY

3

술보에서 전도왕이 되다

_전도로 제2의 인생을 사는, 정승식 장로

나의 갈 길 다가도록 예수 인도하시니
내 주안에 있는 긍휼 어찌 의심하리요
믿음으로 사는 자는 하늘 위로 받겠네
무슨 일을 만나든지 만사형통 하리라
영영 부를 나의 찬송 예수 인도하겠네

1970년 베트남 참전을 위해 부산항 제3부두를 떠날 때만
해도 청년 정승식은 생사의 기로를 몰랐다. 사선을 넘나들던
백마부대 총탄 속에서 그는 줄곧 삶만 생각했다. 바람대로 가
까스로 살아남은 그는 고국으로 돌아왔다. 하지만 1974년 다
시 삶의 행로를 이국으로 향했다. 그곳은 지하 1000미터를
후비는 독일 탄광이었다. 전쟁의 포탄 속에서 살아남은 그에
게 숯가루 날리는 지하 탄광은 처음엔 낙원처럼 느껴졌을 터
였다.

그는 경북 문경에서 태어나 15세 되던 해까지 산꼭대기에

서 화전민으로 살았다. 그래서 가난한 집을 살리기 위한 파독 광부로의 선택은 어쩌면 괴로운 삶을 도피하고자 하는 절규에 가까웠다. 가난을 피해 막상 독일로 왔지만 광부생활은 고된 노동이었다. 그때마다 죽음의 위기를 넘나들던 베트남을 기억하며, 극심한 가난 속의 고향을 추억하며 자신을 위로했다. 지하 1000미터 막장에서 지상으로 올라오면 새까맣게 타들어간 가슴을 술로 풀었다. 지구 끝 먼 곳으로 추방당한 느낌이었다. 차가운 술에 몸을 맡겼다. 그렇게 보낸 시간은 속절없이 흘렀다. 청춘의 꿈도 돌아오지 않을 미지의 어느 날의 망상처럼 느껴졌다.

3년의 계약기간 후 한국으로 돌아갈 수가 없었다. 여전히 고국은 가난했고, 설령 돌아간다 한들 한국 땅에 설 자리가 없었다. 독일에 남는 길은 두 가지뿐이었다. 결혼과 직장만이 독일 체류를 가능하게 했다. 물론 두 가지 방법 모두 호락호락하지 않았다.

그때부터 한인 간호사와 결혼하기 위해 병원 기숙사를 찾아다녔다. 정승식 장로(72세)가 파독 간호사인 아내 박춘자 권사를 만나 결혼한 것은 1977년 3월이었다. 준비 없이 서둘러 한 만큼 결혼생활은 순탄하지 않았다. 늘 격한 말싸움이 이어졌고, 그럴수록 가정은 더욱 피폐해졌다. 부부싸움 후엔 술로 마음을 달랬다. 그러던 어느 날부터였다. 아내가 일요일이면 어딘가로 슬그머니 사라지곤 했다.

"그곳이 바로 교회였어요. 어느 날 아내가 일요일에 자신은 교회를 간다는 거예요. 뭐, 잘 되었다 싶었죠. 그날만은 잔소리 듣지 않고 맘껏 술 먹을 수 있으니까요."

그런데 '잠깐 몇 주 정도만 가겠지'라고 생각했던 아내가 일요일이면 어김없이 성경을 챙겨 교회를 갔다. 궁금하기도 하고, 늘 싸움만 하다 상대가 없으니 심심해질 때도 있었다.

몇 달이 지난 어느 날이었다. 아내 말이 '목사님이 심방을 오시니 집에서 기다리라'고 하는 것이다. 그 말에 버럭 화를 내고는 외출한 후 오후 늦게 들어왔다. 이후로도 여러 번 아내의 교회 출석 문제로 심하게 화를 내는 일이 많았다.

그러던 어느 날, '레스토랑에서 맛있는 점심을 먹자'는 아내의 유혹(?)에 이끌려 간 곳이 교회였다. 그날 목사님의 설교는 마태복음 13장 36~43절에 있는 '천국과 지옥'에 대한 부분이었다. 태어나 난생 처음 교회를 갔고, 처음으로 설교를 들었다.

"목사님 말씀을 듣다보니, 성경이 사실이라면 지금껏 힘들게 살며 고생만 하다 지옥에 가는 것이 너무 억울해지기 시작했어요. 일단 한 번 예수라는 사람에 대해 알아봐야겠다고 생각했지요."

억지로 말씀을 읽던 중, 말 그대로 회오리바람처럼 세차게 마음을 쳤다. 창세기 12장 '본토 아비 집을 떠나라'라는 대목이었다. 마치 베트남전 때 상관의 명령처럼 단호했다. 순간 어린 시절이 떠올랐다. 그는 무속신을 섬기는 우상숭배자의 장남이었다. 아버지를 따라 모든 부적과 사당에 치는 검기줄을 만들었던 자신의 모습이 파노라마처럼 지나갔다. 또한 술로 인생을 허망하게 떠나보낸 아버지의 모습도 얼핏 스쳐 지나갔다. 아버지를 이어 자신 또한 지금껏 술이 힘이고 용기이자 친구였다. 말씀은 다시 세차게 마음을 때렸다.

'떠나라, 떠나라, 술을 떠나라!'

다음 날부터 곧바로 술을 끊었다. 아니, 술에 정이 뚝 떨어졌다는 표현이 맞을 것이다. 여느 때처럼 주일날 친구들이 술병을 들고 찾아오면 술병을 감쪽같이 치워두고 밥을 맛있게 대접한 다음 교회로 데리고 갔다. 친구들은 '천하의 술보, 승식이 미쳤다'며 혀를 내둘렀다.

주일은 물론, 화요일과 금요일의 성경공부에도 참여하고 금요일엔 새벽 2시까지 철야기도에 매달렸다. 그때 폭포수 같은 주님의 은혜가 임했고, 가정이 회복되기 시작했다. 자존심 강하고 완고했던 그는 주님 앞에 철저히 무릎을 꿇었다. 이후 만나는 사람마다 예수님을 전하기 시작했다. 그러지 않고는 입에 가시가 돋칠 지경이었다.

  1979년 독일 터빈회사 자재과에 근무할 때였다. 독일인 동료 디터(Diter)는 아시아인이라는 이유로 정 장로를 눈엣가시처럼 생각했다. 그날도 '도대체 너는 언제 너의 나라에 갈 거냐?'며 비아냥거렸다. 그때 정 장로는 '나는 하나님을 믿는다. 하나님께서 나를 독일에 머무르게 하셔서 있는 것이다'라고 말한 후, 인간의 죽음과 죽음 이후에는 천국과 지옥이 있다는 것을 설명하기 시작했다. 하지만 동료는, '자신은 2년 더 일하고 퇴직한 후에는 세계를 여행하며 인생을 즐길 것'이라고 말하며 정 장로를 향해 비웃었다. 자신에게 죽음은 나중이라고 눈을 흘겼다.

  이튿날이었다. 출근했는데 회사 분위기가 이상했다. 한 동료가 다가와 조심스레 말했다. 전날 퇴근 후 늦은 밤에 동료 디터가 집에서 심장마비로 생을 마감했다는 것이다. 정 장로는 불과 하루 전에 그와 나눈 대화가 생각나면서 심장이 후들후들 떨려왔다. 그가 이렇게 갈 줄 알았다면 더 붙들고 하나님을 알게 했어야 한다는 자괴감이 일었다.

  '아, 인간이란 죽음 앞에서 얼마나 나약한 존재인가.'

  동료의 죽음 앞에서 한치 앞도 예측할 수 없는 인간의 유한성에 대해 통감했다. 그런 일을 겪은 후에는 틈나는 대로 영혼 구원에 시간과 정성을 쏟았다.

1982년 다니던 직장을 그만두고 슈퍼마켓과 식당을 운영했다. 사업적 지식이 없던 터라 늘 재정난에 시달렸다. 그런 상황에서도 무엇보다 주일성수와 십일조 생활은 철저하게 순종했다. 갈수록 경영악화로 사업체가 빚더미에 쌓이고 화재사고 등 악재가 잇따랐다. 하지만 하나님 안에서의 고난은 소망이 있기에 이내 낙심은 사라졌다. 다시 사업을 접고 직업을 구하기 위해 매달리며 40일 작정기도를 시작했다. 하나님은 마지막 날에 응답해주셨다.

기도를 시작한 후 40일이 되는 날, 오래 전에 지원한 독일 항공사인 루프트한자의 입사허락 편지가 도착했다. 그는 독일항공사 서비스팀에서 15년을 성실하게 근무하며 모든 빚을 갚고 정년퇴직을 했다.

예수님을 믿고 매사에 열정적인 정 장로는 퇴직 후의 일을 생각했다. 하나님이 건강을 허락하는 한 무엇이고 할 생각이었다. '어떤 일을 할지'에 대해 가족과 함께 합심으로 기도한 후 호텔사업을 시작했다.

성경에서 인용하여 '엘림호텔'이라 이름지었다. 엘림은 이스라엘 백성들이 광야생활 도중 쉬어가던 곳으로, 인생에서 힘든 이들이 영적인 쉼을 얻는 예배의 장소가 되길 소망했다. 그는 호텔에서 매주 목장예배를 드리고 호텔에 머무는 사람들에게 복음을 전했다. 호텔은 광야의 오아시스처럼 목마른 자들의 출입이 많았다.

당시 경제도시 프랑크푸르트에는 한국기업의 주재원 가정

이 많았다. 그의 전도로 믿지 않던 20여 가정이 하나님을 알게 되었다. 정 장로는 그들이 임기를 끝내고 공항에서 작별인사를 할 때마다 송별기도를 하며 미래를 축복했다.

인생의 고비고비 마다 하나님은 그와 함께 했다. 어린 시절 1500미터 산꼭대기에서도, 1000미터 아헨 탄광 지하 막장에서도, 아비규환의 베트남전에서도 하나님은 묵묵히 당신의 자녀인 정승식 장로를 기다리셨다.

"고국이 저의 육신을 태어나게 한 곳이라면, 독일은 영적인 생명으로 거듭나게 한 땅입니다. 저를 독일 땅에 부르신 목적이 있다는 걸 깨달았어요."

그는 매해 신년 초에는 금식기도를 드리며, 그해 하나님이 자신에게 말씀하시는 음성에 반응한다. 그리고 독일 땅에서 한인 디아스포라로, 남은 여생을 사도바울처럼 복음전달꾼으로 쓰임받길 간절히 소망한다.

정승식 장로의 자작 글/ 1970년 전선의 밤, 베트남에서

밤 11시, 경계근무로 초소에서 보초를 서는 시간이었다.

개미새끼까지 보일 정도로 밝은 달밤이었다. 세상이 온통 고요한 한밤중이어서, 깊은 숲에서 벌레소리가 찌르르, 찌르르 경적을 울려주었다.

그야말로 평화롭고 정적이 흐르는 밤이었다.

하늘에서는 쏟아질 듯 꽉 채워진 별들이 반짝이며 세상을 비춰주고 있었다.

'누가 이곳을 과연 전쟁터라 말할 수 있겠는가?'

그렇게 고요하고 적적한 시간이 흐르고 있었다.

잠시 후 순간! 건넛마을에서 '따따따따따, 따라락 따라라라! 쿵쾅!' 폭음소리와 빗발치듯 날아오는 총탄의 불빛이 하늘을 가르고 있었다.

하늘높이 솟아오르는 조명으로 세상은 완전히 불바다로 변했다. 마치 콩튀듯 하는 기관총 소리가 요란하게 들려왔다. 따따따 꽈앙~ 펑 소리로 천지가 진동하였다.

저토록 요란한 곳에서 과연 누가 살아남을 수 있단 말인가? 무엇을 위하여 사람들은 저렇게 서로를 죽여 가며 싸워야 하는가?

사람의 생명에 대한 또 다른 의미를 생각하게 되었다.

아! 사람이 죽고 사는 것이 시간문제이구나, 라는 생각이 들었다.

깊은 사념에 빠져 끝없는 밤하늘을 쳐다보고 있으니 평화롭던 고향이 그리워졌다.

그렇게 요동치던 광경이 서서히 고요해져, 세상은 다시 조용해졌다. 언제 그런 일이 있었느냐는 듯 잠잠했다.

이제는 풀벌레 소리마저 침묵하고 밤하늘의 별들만 반짝였다. 이 시간 고향의 나의 친구들은 무엇을 하고 있을까? 여긴 낯선 타국.

베트남의 전쟁터에서 죽음의 위기를 당하며 두려워하는 내 마음을 알고 있을까?

그립던 시절 지나간 날을 다시 한 번 회상하며 마음이 숙연해지는 순간이었다.

아~ 살아서 고향에 돌아간다면.

이 밤도 마음 졸이며 죽음의 위기를 당했던 사연들을 저들에게 들려주어야지!

평화의 기도회, 라이프치히 성전 문지기

_라이프치히 교회 봉사의 삶, 최정송 권사

주 안에 기쁨 누림으로 마음의 풍랑이 잔잔하니
세상과 나는 간 곳 없고 구속한 주만 보이도다
이것이 나의 간증이요 이것이 나의 찬송일세
나 사는 동안 끊임없이 구주를 찬송하리로다

겨자씨 같은 작은 기도회가 동서독 통일의 초석을 이뤄냈다. 믿어지지 않은 기도회의 열매는 독일 라이프치히에서 일어났다. 오직 기도로 피 흘림 없이 철의 장벽을 허물어내고 평화로운 통일을 만들었다. 그 무렵 매주 월요일에 성 니콜라이 교회에서는 크리스티안 퓌러(Christian Führe) 목사의 인도로 평화 기도회가 열렸다. 이곳에는 동양에서 온 파독 간호사 최정송 권사(78세)도 두 손을 모았다.

1989년 당시, 독일 라이프치히에 살고 있던 그는 매주 월요일이면 니콜라이 교회로 향했다. 결국 평화 기도회의 호흡은 시민들의 마음을 움직였다. 그들의 소박한 염원은 거리로 쏟아져 나와 거대한 파도를 이루었다.

"10월 9일, 그날이 생생해요. 7만 명 이상이 거리로 나왔지요. 결국 이 시위가 그해 11월에 베를린 장벽이 무너지게 된 계기가 되었어요."

지금도 성 니콜라이 교회는 실업자, 난민문제 등을 테마로 정기적인 기도회가 열리고 있다.

최 권사 가족은 하르츠(Harz; 작센 안할트의 산맥) 인근도시 '고슬라'에서 살다, 장벽이 무너지던 해인 1989년 5월 동독지역인 라이프치히로 이사했다.

당시 무역회사를 다니며 전시회 참여를 위해 종종 라이프치히를 방문했던 남편이 이곳으로 아예 이주를 원했기 때문이다. 하지만 최 권사는 썩 내키지 않았다. 근무하던 병원에서도 안정적인 위치에 있었고, 동료들도 동독지역으로 가는 것을 만류했다. 특히 한국인으로서 당시 공산국가인 동독으로 이주하는 데에는 큰 결단이 필요하던 때였다.

"분단 상태인 우리나라 상황에서는 쉽지 않았지만, 북한에 친척이 있거나 사상적으로 문제될 게 없어서 가능했는지도 몰라요. 하지만 무엇보다 발걸음마다 앞서 인도하신 하나님의 은혜였어요."

그는 1972년 독일에 온 파독 간호사다. 원래 남편 김기숙 집사가 1년 전에 이미 파독광부로 독일에 와 있었다. 남편을 독일로 보낸 후 홀로 고국에서 아들 셋을 키우며 살던 최 권사는 '부부는 같이 살아야 한다'는 시아버지의 권유로 간호교육을 받았고, 남편의 뒤를 이어 독일에 오게 된다.

"제가 오면서 3년 동안 아이들 셋을 잠시 시부모님께 맡겨 두었어요. 한창 부모 손이 필요할 때인데, 아이들이 많이 힘들어 했지요. 저도 아이들이 너무 보고 싶어 눈물로 지샜던 때가 많았지요."

그는 하루빨리 아이들과 함께 하기 위해 몸을 아끼지 않았다. 돈을 더 벌기 위해 병원에서 야간근무와 초과근무를 마다하지 않았다. 3년 후 어느 정도 안정이 되자 꿈에 그리던 아이들을 품에 안을 수 있었다. 당시 친분이 있던 독일인 하티히(Hartig) 목사의 도움으로, 중학생이던 큰아들을 포함해 세 아이들이 곧바로 학교에 들어갈 수 있었다.

하티히 목사는 최 권사 가정이 독일에 잘 정착할 수 있도록 육적, 영적으로 잘 이끌어준 분이다. 그때까지 하나님을 전혀 몰랐던 그는 가난한 이방인을 향한 도움에 그저 고마운 마음으로 독일인 교회에 출석하기 시작했다. 이후 신앙이 자라면서 하노버 한인교회를 동시에 섬기게 되었다.

점점 성경말씀이 삶의 이정표가 되었고, 예수가 진정한 구원자임을 눈물로 시인했다. 이후 '예수를 나의 구주삼고'는 그의 고백찬양이 되었다.

라이프치히로 이주한 후 한인 레스토랑 'Kim'을 운영했다. 1989년 한창 내부수리 중일 때 장벽이 무너졌고, 이듬해 1990년 10월 3일 동서독이 통일되었다. 라이프치히에서 통독 후 최초로 민영화된 레스토랑으로 알려지면서 덩달아 유명해졌다. 메뉴를 최고급 한식과 일식으로 고급화시켰다. 라이프치히를 방문한 유수 정치인들이 거쳐 가는 코스가 되었고, 김대중 전 대통령도 야당시절 다녀가기도 했다.

사업이 확장될수록 그는 이웃 사랑이라는 주님의 계명을 겸손하게 실천하고자 했다. 매 주일이면 레스토랑 문을 닫고 예배를 드린 후, 노숙자와 고아원 아이들 등 소외계층을 초대해 음식을 대접하고 하나님의 마음을 나눴다.

그러던 중 복음 전파의 거점이 될 한인교회 공동체의 필요성을 실감했다. 당시 통일이 되면서 음악의 도시 라이프치히로 유학 오는 한국 학생들이 많았다.

다행히 퓌러 목사의 배려로 성 니콜라이 교회의 교육관에서 한인예배를 14년 동안 이어올 수 있었다. 퓌러 목사는 평화의 기도회를 인도하면서 마지막 분단국가인 남북한을 위한 기도를 쉬지 않았다. 그는 2014년 소천하기까지 인간을 우상화하고 기독교 탄압이 심한 북한의 복음화를 위해 간절히 기도했다.

점점 한인 교인 수가 늘어가자 성도들과 함께 성전 마련에 대한 기도를 드렸다. 2000년에 권순태 목사가 부임하면서 연약한 공동체에 부흥이 일어났다. 온 성도가 기도하며 50군데 이상의 건물을 물색하던 중, 하나님은 건평 2000평의 5층 건물을 보게 하셨다.

하지만 은행 융자의 어려움이 있었다. 최 권사는 기도로 무장하고 작센 주 교구청을 직접 찾아가 부탁했고, 교구청에서 보증을 서주기로 하면서 건물을 매입할 수 있었다. 이후 목사님을 비롯해 온 성도가 몸을 아끼지 않고 성전 수리에 동참했고, 마침내 2008년 헌당예배를 드렸다.

현재 이 건물 안에는 한인식품점과 라이프치히 한인회, 한글학교 등 한인사회 공동체가 함께 한다. 건물 내 숙소를 마련해, 방이 없는 한인 학생들을 위해 저렴하게 임대하며 복음 전파의 플랫폼이 되고 있다.

하나님은 교회를 통해 라이프치히 한인동포들을 십자가에 달려 부활하신 그리스도의 넓게 벌린 팔 안으로 한 데 모으신 것이다. 이러한 과정에는 교회를 향한 최 권사의 눈물과 땀으로 점철된 씨뿌림의 헌신이 스며 있다.

"늙어가면서 이제야 철이 들어가는 것 같아요. 지나온 삶을 생각나게 하고 늘 회개하게 하시네요. 이 모든 일들이 인간의 힘으로는 도저히 힘들고…… 모두 하나님의 은혜입니다."

기도를 쉬지 않고 교회 문지기를 자처하며 봉사하는 그. '서로 남의 짐을 져주었을 때 그리스도의 법이 성취될 것'이 라는 퓌러 목사의 말이 문득 떠오른다.

라이프치히 한인교회를 들어서자 설교 강대상 정면에 눈에 띄는 성경 구절이 있었다.

"하늘에 있는 것이나 땅에 있는 것이나 다 그리스도 안에서 통일되게 하려 하심이라." (엡 1:10)

그 말씀에서 통일, 이라는 두 글자가 입체적으로 다가왔다. 통일 기도회를 움직였던 도시적 특성이 담긴 메시지처럼 보였다. 동시에 독일 통일을 가슴에 끌어안고 간절한 기도를 올렸던 퓌러 목사님이 떠올랐다. 그는 임종 전 몇 년 동안 남북한 통일을 위해 간절히 기도했던 인물이다. 최 권사 부부는 평소 퓌러 목사를 지근거리에서 지켜보며 그의 염원과 소망을 목도했다.

에베소서 1장 10절의 말씀은 국가적 통일에만 국한되는 말씀이 아니다. 이 말씀은 세대와 지역을 넘어 지금 이 시대에도 동일하게 관통하는 말씀이다. 분열과 상처로 얼룩진 그리스도인들에게 각성하라는 경종처럼 들린다. 하나님은 인간의 죄로 인해 무질서해져서 분리된 이 세상을 그리스도 안에서 진정한 통일이 되길 소망할 것이다.

교회에 걸려 있는 말씀을 되뇌이며 조용히 눈을 감았다. 그분이 다시 오실 그날에는 온 열방이 그리스도의 마음으로 하나되길 소망한다.

침술을 이방선교의 도구로

_무슬림 선교를 위해 헌신한, 남차희 선교사

"물이 바다를 덮음 같이 여호와의 영광을 인정하는 것이
온 세상에 가득하리라."(하 2: 14)

독일의 겨울은 햇빛 한 줌 없이 칙칙하다. 오후 4시 즈음
이면 금세 어둠이 깔려 행인의 그림자조차 삼켜버린다. 누군
가는 1618년의 30년 전쟁, 1차와 2차 세계대전의 피흘림 때
문이라고 에둘러 말했었다. 전쟁의 영욕을 품은 어둠이 수도
베를린을 잠식한 걸까? 베를린에서 '작은 이스탄불'(Kleine
Iatanbul) 이라 불리는 크로이츠베르그(Kreuzberg)엔 영적인
어둠이 가득하다. 크로이츠베르그는 단어 그대로 해석하면
'십자가 산(골고다 언덕)'이다. 지금 그 '십자가 산'이 무슬림
화 되고 있다.

마르틴 루터가 개혁의 깃발을 들었던 독일 땅이지만 현재
는 무슬림이 그 세력을 확장하는 추세다. 무슬림 가정들이 비
교적 출산율이 높은 탓도 이유 중 하나다. 그들의 독일 이주
배경은 우리의 파독 근로자들과 비슷하다. 1960년대 손님 노

동자(Gastarbeiter)로 독일에 왔다. 이후 그들 가족까지 이주하고 독일에서 자녀를 낳아 터전을 이루면서 인구는 급격히 증가했다. 인구 350만 명의 베를린 인구 중 이민자의 다수를 차지하며 강력한 무슬림 게토를 형성하고 있다.

앞서 말했듯이 터키, 아랍계에서 온 무슬림이 반세기 이상을 독일 땅에서 살고 있다. 그 기간 동안 무슬림 인구는 꾸준히 증가해 사회, 정치 전반에 목소리를 내고 있다. 오히려 독일 정부가 그들의 눈치를 봐야 할 형국이다. 전통적 기독교 국가로서의 위상은 이제는 신학 역사서에나 찾아볼 수밖에 없는 시대로 진입한 것이다.

터키에서 선교하던 중 안타깝게 순교한 독일 선교사도 있지만 막상 현지 독일에서의 무슬림 선교도 말처럼 쉽지 않다. 물론 몇몇 아랍계 그리스도인은 그들의 공동체에 복음을 전할 기회를 달라고 기도했고, 개인적인 친분과 교제를 통해 성경과 기독교 서적을 나눠주었다. 그럼에도 현재 베를린 터키 아랍계인들 중 기독교인은 100명도 안 되는 정도라고 한다. 생명을 던져 전하려는 전도자도, 참된 복음을 찾으려는 터키인들도 소수인 탓이다.

"그래서인지 하나님께서는 특별히 그들에게 환상을 통해 직접적인 계시를 하는 경우가 많아요. 하나님이 그들에게 직접 나타나 보여주시기에 주님 앞에 무릎을 꿇을 수밖에 없지요."

하나님은 전통적 무슬림인 그들을 향해 직접적 환상을 계시해 만나주셨다. 하나님의 소원은 그들에게도 참 복음이 전해지길 갈망했다. 오직 예수 그리스도를 통해서만 아버지께로 갈 수 있다는 것을 깨닫길 원했다.

8년여 전부터 무슬림 선교현장에 나선 남차희 선교사(68세)는 그들에 대한 뜨거운 마음을 가지고 있다. 그는 독일에서 얻은 한의사라는 직업을 통해 터키인들과 처음 만났다. 파독 간호사로 독일에 온 후 하나님의 소원에 부응하길 줄곧 기도해 왔다.

그는 경북 안동 간호전문학교를 졸업하고 부산대학병원 간호사로 일했다. 3년만 있다 오자는 간호사 친구들 말에 1972년 파독 간호사로 독일 땅을 밟았다. 이국땅에서의 삶은 말할 수 없이 고단했다. 모태신앙이었던 그는 독일에 와서야 하나님을 인격적으로 만났다. 당시 영적인 부흥으로 뜨거웠던 베를린 순복음교회를 출석했다. 파독 초창기, 성령으로 충만한 한인 간호사들은 독일 땅에 흩어 놓으신 영적 디아스포라였다. 그는 병원 야간근무를 하면서도 순복음교회에서 운영하는 신학교를 병행해 다녔다. 하나님을 알아가는 시간이었기에 육신의 피곤함도 몰랐다. 시간이 흘러 결혼할 나이가 되었는데 중매자리가 주로 목사와 전도사였다.

"제발 사모 자리는 감당하지 않게 해주시라고 기도했어요. 주님을 사랑하고 따르지만 목회자 사모는 저에겐 너무 벅찬 사명이어서요."

그러던 중 심각한 교통사고를 당했다. 당시 머리를 크게 다쳐 1년여 동안 근무를 못할 정도였다 사고 후 의식이 깨어날 당시 그는 시편 23편을 되새기고 있었다. 자신의 불순종을 회개하며 사모에 대한 하나님의 마음에 순종하겠다고 선포했다. 남 선교사는 당시로선 늦은 나이인 스물일곱에 목회자와 결혼했다.

그때부터 남편 구효남 목사와 함께 베를린 영락교회(현 베를린 소망교회 전신)와 갈보리교회에서 30여 년간 한인교회를 섬겼다. 목회를 조력하던 중에 하나님의 특별하신 인도로 한의학과 대체의학에 관심을 갖게 되었다. 간호사였던 그에게 한의학 공부는 영적 육적 치료의 눈을 더 크게 뜰 수 있는 기회가 되었다. 촌음을 아껴가며 공부한 끝에 남 선교사는 2006년, 독일 국가한의사 자격증을 취득했다. 통상 대체의학에서도 몇 가지 분야만 겨우 치료자격증을 취득하는 정도였지만 그는 23가지 치료자격증을 취득해 종합적으로 환자를 상담, 치료할 수 있게 되었다. 하나님은 전인치유의 눈을 뜨게 하셨다.

터키인이 세운 종합병원에서 한의사로 근무하던 때였다. 기도하던 중 야베스의 기도를 통해 지경을 넓히신다는 말씀을 마음에 받았다.

　방문환자들 대부분이 무슬림 여성이었다. 여성들은 육체적 노동과 집안일로 몸이 성한 데가 없었다. 게다가 남성 우월주의 속에서 깊은 절망감을 호소하는 이가 많았다.

　무슬림 남성들은 4명까지 아내를 둘 수 있다. 그것을 몸으로 허용한다 하더라도 마음으로 받아들이는 건 쉽지 않았다. 특히 가난한 무슬림 여성들은 고통을 호소할 곳이 없었다. 통상 독일에서는, 양의학은 보험으로 진료를 받을 수 있지만 대체의학은 별도로 추가보험을 들어야 하기에 자기 부담금이 크다. 환자가 형편이 어려워 부담할 능력이 없음에도 치료를 요구하는 경우는 난감할 때가 있다.

　당시 30년 이상을 폐질환으로 인해 시한부까지 판정 받은 터키 중년여성이 있었다. 그녀의 남편은 이미 다른 여성과 불륜 관계로 집에 들어오지도 않았다. 남편과의 문제로 그 여성은 심한 울분과 상처를 안고 있었다. 심지어 장성한 아들과 딸도 우울증이 심해, 자녀들 또한 일은 커녕 식사도 못했다. 터키 여성은 진료를 받는 내내 애끓는 울음을 토해냈다. 처음 보는 동양인 한의사에게 한 서린 삶을 고백한 것이다. 그때 남차희 선교사에게 다가온 터키 여성은 버림받은 하갈의 모습이었다. 광야에서 흐느끼는 하갈의 울음이 느껴졌다. '우는 자와 함께 울라'는 말씀이 내면에서 울렸다. 그녀를 위해 침을 놓고는 한 시간 이상을 간절히 기도하며 방언 찬양을 했다.

하나님은 가련한 터키 여성을 만나주셨고 이후 두 자녀와 함께 주님을 영접했다. 나중에 안 사실은, 치료를 받으러 오기 전 그 터키 여성이 밤에 꿈을 꾸었다고 한다. 누가 이마에 대고 기도를 해줬는데 나았다고 한다. 그 분이 예수님 같다는 말을 했다. 그 사건 이후 남차희 선교사는 무슬림 복음화를 위한 마음에 동력을 얻게 되었다. 이후의 삶은 무슬림 여성들에게 향했다. 무슬림을 향한 주님의 말씀이 들릴 때 마치 얼어붙은 영성이 열리는 느낌이었다. 내면에 상처를 안고 살아가는 터키 여성들의 억울함을 하나님의 마음으로 어루만졌다.

그녀는 남편 구 목사와 함께 '지경을 넓히라'는 하나님의 명령에 순종하고자, 2014년 이웃교회(현 비전교회)와 합하고 베를린 이슬람권, 특히 터키인을 위한 사역을 시작했다. 곧바로 크로이츠베르그의 후미진 뒷골목으로 들어갔다. 대체의학을 통한 육적 치료와 기도를 통해 굳게 닫힌 무슬림의 마음은 남 선교사를 통해 조금씩 열려졌다. 하지만 무슬림 선교의 길은 험난했다.

"기독교로 개종한 터키 여성의 아들이 '왜 우리 엄마를 미치게 해요?'라며 칼을 들고 달려든 적도 있어요. 하지만 주님의 지상명령이라 이 사역에 순종할 수밖에 없어요."

남 선교사는 무슬림 여성이 진료하러 오면 침을 놓고는 방언으로 기도하며 그들의 전인치유 사역에 힘을 쏟는다. 그들의 영혼이 주님께로 돌아오는 것을 보는 것은 남 선교사가 꿈꾸는 소망이다. 수많은 영혼이 헛된 진리로 영생의 기회를 잃어버리는 것이 안타깝기만 하다.

그는 무슬림 선교가 어렵다 해도 온 세상에 시작된 구원의 역사를 하나님께서 온전하게 마치실 것을 믿는다. 그는 오늘도 묵묵히 크로이츠베르그에 십자가를 심는다. 십자가의 온전한 사랑이 그들을 덮을 수 있을 때까지 그는 묵묵히 이 길을 걷겠다고 한다.

<그리스도를 본받아>라는 위대한 저서를 쓴 토마스 아 켐피스((Thomas à Kempis, 1380년 ~ 1471년)는 독일의 켐펜에서 태어나 20세 때 수도원에 들어갔다.

그의 책은 마르틴 루터와 존 웨슬리에게 영적인 영향을 준 것으로 알려져 있다. 그의 책 첫 부분은 요한복음 8장 12절로 시작된다.

"나는 세상의 빛이니 나를 따르는 자는 어둠에 다니지 아니하고 생명의 빛 안에 거하게 될 것이라"

인류를 구원할 자는 오직 그리스도이고 참빛 되심을 책 속에서 강조하고 있다. 그 사실을 깨닫는 것으로도 크나큰 은혜임을 우리는 안다.

유럽은 점점 무슬림 세력들이 영역을 확장시키고, 헛된 열매를 꿈꾸며 생을 마감한다. 독일도 무슬림 세력 구축의 정점에 있다. 특히 수도 베를린은 이민자, 특히 터키와 아랍계의 인구 비율이 높다.

베를린의 황량한 크로이츠베르그의 밤.

조용한 낮이 지나고 어둠이 내리면 거리는 술에 취한다. 마약과 술에 달군 벌건 눈으로 욕망의 끝을 달린다. 그들은 참 진리를 알지 못하고 유일한 통로이신 예수 그리스도 알기를 두려워한다.

루터의 종교개혁이 숨을 쉬는 독일 땅에서 조차 그들의 몸집은 수그러들지 않는다. 그러기에 무슬림의 영역에서 그리스도의 이름을 전하는 것만으로도 순교를 각오해야만 한다.

하나님은 그들에게 십자가를 알게 하기 위해 이방 땅 작은 동양 여인을
사용하신다. 그들에게 줄 수 있는 것은 사랑, 그리스도 십자가의 보혈에 덮힌
복음뿐이다.

독일 **자유교회**에서
내적치료에 힘을 쏟다

_믿음으로 온 가족 구원 이끈, 손영숙 집사

"주 예수를 믿으라. 그리하면 너와 네 집이 구원을 받으리라 하고 주의 말씀을 그 사람과 그 집에 있는 모든 사람에게 전하더라."(행 16: 31-32)

스무 살 무렵에는, 살아갈수록 인생에 특별한 봄이 올 것이라 기대했다. 바람이 살포시 지나가면 꽃이 곧 필 것이라 생각했고, 햇빛이 머물다 지나가면 열매를 기대했다.

1972년, 스물두 살의 파독 간호사 손영숙 집사(69세)도 찬란한 봄날을 꿈꾸며 독일 행 비행기에 올랐다. 하지만 알래스카 상공을 지나며, 비행기 아래 구름안개 자욱한 하늘이 현실 인생임을 실감하지 못했다.

그는 한국에서 간호학교를 졸업한 후 고등학교 교련교사로 근무했다. 군사문화의 잔재인 교련과목은 딱딱한 모래알을 씹는 느낌처럼 불편했다. 그때 마침 독일에 간호사로 간 친구에게서 편지가 왔다. 편지 속에 비친 독일의 모습은 한마디로 따스한 봄날의 모습이었다.

　홀어머니를 모시고 1남 2녀 중 장녀인 그에게 파독 간호
사는 가난한 집을 살리는 유일한 비상구처럼 보였다. 홀쩍이
는 어머니에게는 '돈 많이 벌어 3년만 있다 돌아오겠다'고 당
차게 선언했다.

　그가 맨 처음 도착한 곳은 독일 북부지역 킬(Kiel)이라는
도시였다. 낯선 땅에 도착한 그에게 언어 스트레스와 향수병
이 쓰나미처럼 몰려왔다. 다행히 같은 병원에 한국인 간호사
일곱 명이 함께 했다. 고향이 그리울 때면 모두 기숙사 내 한
방에 몰려 앉아 한국노래를 부르고 된장국물에 이국생활의
설움을 달랬다. 병원에는 기독교인 한인 간호사가 있었다. 동
료는 늘 교회를 가자고 손을 잡았지만 그때마다 '시간 나면
가지요'라고 주저했다.

　3년이 되어가던 해, 파독광부로 일하던 곽민필 씨와 결혼
했다. 삼 남매를 낳으면서 고국으로 돌아간다는 어머니와의
약속은 점차 멀어져갔다. 외로운 이방인으로 불투명한 미래
를 두려워하던 그에게, 가족은 또다른 행복이란 이름의 선물
이었다.

　하지만 인생은 늘 눈부신 햇살만 있는 게 아니었다. 시름
시름 앓던 남편이 1982년 간경화 진단을 받았다. 병원에서도
치료 불가능하다는 청천벽력 같은 진단결과였다. 서른 세 살

의 젊은 여성에겐 가혹한 형벌이었다.

낮에는 남편 병간호와 어린 아이들을 키우느라 녹초가 되었고, 병원에서는 더 돈을 벌기 위해 밤 근무를 자청해 몰골은 열매껍질처럼 메말라갔다. 근무할 때마다 심한 피로감에 병원 의자에 앉아 잠에 곯아떨어지는 바람에 독일인 수간호사에게 호된 꾸지람도 받았다.

그때, 같은 병원에 근무하던 한국인 간호사의 위로가 없었다면 깊은 절망에 빠졌을 거라고 회고했다. 동료는 지쳐 있는 그의 손을 잡으며 인간의 죄를 위해 고난을 감당하신 그리스도에 대한 이야기를 들려줬다.

한국인 동료는 예수님을 믿고 간질환이 나은 간증집을 건네주었고, 다른 지인을 통해서는 성경책을 선물 받았다. 성경책을 읽으면서 점차 그의 마음에 평안이 왔다.

격렬한 삶의 한가운데에 있다가도 성경을 읽으면 고요한 바다처럼 평온해졌다. 손 집사는 물에 빠진 사람이 지푸라기라도 잡으려는 심정으로 교회를 갔다.

사실 그의 친정어머니는 불교 신자였다. 어릴 때부터 자녀들 기도를 위해 절을 찾은 어머니였다. 그런 가정에서 자라난 손 집사는 하나님은 단지 구복신앙의 대상 중 하나일 거라는 생각을 했다. 하지만 하나님은 꿈과 섬세한 만남을 통해 그의 생각을 바꾸어 가셨다.

"한 번은 꿈을 꿨는데 너무나 아름다운 음악소리가 들리는 거예요. 그때 '하늘나라가 있구나'라고 확실히 깨달았어요. 어떤 날은 꿈에 시어머니가 나타났어요. 제가 '어머니, 아들이 이미 나았으니 걱정 마시라'고 안심시켰는데 그게 너무나 생생했어요."

손 집사는 말씀을 펼쳐들었고, 기도와 예배에 집중했다. 정결한 몸으로 나아가고자 금식기도도 시작했다.

"그때 이후로 병원 근무하면서도 금식을 밥 먹듯 했어요. 하나님께 피 끓는 심정으로 매달릴 수밖에 없었지요."

남편은 한국에서 청소년 시기에 교회를 다녔다. 독일에 와서 잊고 살았던 하나님을 아내 손영숙을 통해 다시 만나기 시작했다. 하나님은 손 집사의 기도를 들으셨고, 남편의 병을 치료하셨다. 그는 은혜에 감격해 하나님과의 더 깊은 만남을 사모했다.

근무지인 병원은 그의 예배장소이자 기도처가 되었다. 육체적으로 힘들 때마다 '성령님, 함께 일해 주세요'라며 도우심을 구했다. 하나님은 병원 내에서 성령의 임재를 체험케 하셨고, 독일인 수간호사와 함께 기도시간을 가지며 복음 전도의 불을 지폈다.

그는 무엇보다 자신의 열매인 자녀의 영적성장에 주목했다. 경건의 훈련을 위해 매일 성경말씀을 함께 쓰며 묵상하는 시간을 갖도록 했다.

아이들이 초등학교 때, 한국을 방문한 적이 있었다. 그는 비행기에서 내리자마자 곧바로 아이들과 함께 오산리 금식 기도원으로 향했다. 시차 적응할 사이도 없이 밤낮으로 기도 했고, 아이들은 시멘트 바닥에 자면서도 불평 한마디 하지 않 았다. 3일간의 금식 기도를 마치고 곧바로 찾아간 곳은 손 집 사의 외할머니 댁이었다. 생의 마지막이 다가오는 외할머니 에게 예수님을 전하고 하나님께로 인도했다. 외할머니는 손 녀의 간절한 기도와 찬양을 통해 주님을 영접하고 하늘의 부 르심을 받았다. 불교신자인 어머니와 이모 또한 하나님을 만 났다.

"주 예수를 믿으라. 그리하면 너와 네 가정이 구원을 얻으 리라'는 말씀은 하나님이 저에게 주신 음성입니다. 부족한 한 사람을 통해 가족 구원하게 하시니 감사밖에 없어요."

현재 그는 Bonn(본)에 위치한 'CLW(Center of the Living Word)' 인터내셔널 자유교회에 출석하고 있다. 이 교회에서 청소년 사역을 하는 지미 홍 목사가 막내 사위다.

의사이자 사모인 딸은 사위의 사역을 도우며 영혼 구원에 함께 한다. 사위 홍 목사는 현재 독일 한인 2세 청소년 사역 자로 활동하고 있다. 청소년 미션캠프인 'JJ(Juenger Jesus/예수님의 제자들)'의 강사로 독일 기독 청소년에게 영혼의 길잡이 역할을 감당한다.

눈물의 기도로 삼남매는 은혜 가운데 성장해, 현재 장남은 독일은행 뉴욕지점 펀드매니저로, 장녀는 현대기업의 간부로, 또한 사모가 된 막내딸은 본 대학의 외과의사로 일하고 있다.

손 집사는 간호사 출신의 장점을 살려 CLW 교회 안에서 내적치료 상담 및 기도회를 돕고 있다. 육적, 영적으로 고단하고 지친 영혼들에게 영원한 삶의 안식처를 제시하고 있다. 그는 하나님의 소원에 뜻을 맞추어 살다 삶을 마감할 때 그리스도의 형제들을 만날 생각에 하루하루가 감사할 뿐이다.

독일 개신교에는 크게 세 가지 종류의 교회가 있다.

루터교회, 개혁교회, 또한 이 둘을 합친 형태인 연합교회가 있다. 이를 흔히 '국교회'라고 부른다. 이와 반대로 자유교회가 있다. 국교회는 국가 관리하에 있어 목회자의 월급과 교회 유지비가 국가에서 지급되고, 자유교회는 교인들의 헌금으로 유지된다.

독일 기독교인들은 교회 출석과는 상관없이 종교세를 내고 있다. 종교세는 소득세율의 약 8% 정도를 지불한다. 이러한 종교세를 통해 국교회가 운영된다.

자유교회는 대체로 영성적인 측면을 중점으로 성도들의 신앙에 관심을 갖는다. 손 집사는 자유교회에 출석하며 성도들의 영혼과 내면 치유에 마음을 쏟고 있다. 자신 또한 값 없이 은혜받았기에 다른 이들의 영혼을 위해 시간과 마음을 아낌없이 바친다.

그는 말한다. 클라이맥스 없이 살아온 인생은 오히려 삶에 감사하지 못한다고. 손영숙 집사는 질곡 많은 인생을 걸어왔지만 그때마다 함께 하신 하나님을 기억한다. 그래서인지 과거를 돌아볼 때마다 그의 삶은 시냇가의 나무처럼 편안하고 충만했다고 회고한다.

고난의 가방을 짊어진 채 인생을 방황하는 이에게 알려주고 싶은 오직 그분. 광야 가운데에 길을, 사막에 강을 내신 하나님이 함께 하셨기에 가능한 일이다.

고국을 향한 울림

_오로지 찬양의 한 길을 열다, 김정신 권사

온 땅이여 여호와께 즐거운 찬송을 부를지어다.

기쁨으로 여호와를 섬기며 노래하면서 그의 앞에 나아갈지어다

우리 하나님이신 줄 너희는 알지어다

그는 우리를 지으신 이요 우리는 그의 것이니 그의 백성이요 그의 기르시는 양이로다

감사함으로 그의 문에 들어가며 찬송함으로 그의 궁정에 들어가서 그에게 감사하며 그의 이름을 송축할지어다

여호와는 선하시니 그의 인자하심이 영원하고 그의 성실하심이 대대에 이르리로다(시 100:1-5)

교회 내부에 장식된 2만 2천 개의 스테인드글라스가 파르르 떨렸다. 2차 세계대전 당시 폭격을 맞은 전쟁의 상흔이 남아있는 예배당에 한국인들이 예배를 드렸다. 전쟁을 경험했던 이들이기에 감흥은 더 남달랐을 것이다. 한국어로 찬양을 부르자 성도들의 눈에 이슬이 맺혔다. 1972년 1월, 베를린

빌헬름황제기념교회(Keiser Wilhelm Gedaechtniskirche)에서의 첫 한인 예배의 모습이다.

김정신 권사(76세)는 독일인 에어빈 크루제(Erwin Kruse) 목사가 집도한 초창기 예배를 떠올렸다. 그 당시 크루제 목사는 한국인 아내 한월성 사모와 함께 까만 눈의 간호사들에게 복음의 손을 내밀었다.

사실 김 권사와 독일인 목사와의 인연은 1967년 한인 간호사 기숙사 기도모임부터 시작되었다. 낯선 이국땅에서 예배를 사모하던 간호사들의 기도 열매였다. 1972년 7월부터는 성 요하네스 교회 교육관을 사용해 예배를 드렸다.

"교회 교육관에 성가대가 만들어져 저도 성가대원으로 활동했어요. 찬양할 때 한복을 자주 입었고 성가뿐만 아니라 우리 민요도 불렀지요. 당시 금난새 교우도 지휘를 했었어요."

김정신 권사는 1966년 파독 간호사 1진으로 서백림(서베를린)에 왔다. 당시 동서독은 냉전으로 첨예한 대립체제였다. 베를린은 한국인들에게 악명 높은 나치 히틀러의 도시였고, 당시는 철의 장벽으로 가로막힌 지대였다. 하지만 그는 두려움보다 용기를 선택했다. 1·4후퇴 때 구사일생으로 살아났던 흐릿한 기억을 떠올리며 죽음보다 더한 것은 없다는 생각이었다.

"6·25 동란 때인 세 살 때, 황해도에서 남한으로 피난을 가기 위해 임진강을 건너는데 배타는 사람들이 저희 어머니를 보고는 아이는 그냥 내려놓으라고 했대요. 그 말에도 아랑곳 하지 않고 어머니가 절 업어서 죽음의 강을 건넜던 겁니다. 참 이상하죠? 아주 어릴 때인데 살벌했던 기억이 뿌연 안개처럼 어렴풋이 생각이 나요."

일찍부터 죽음의 경계선을 넘어선 탓일까? 그는 삶에 초연한 것처럼 보였다. 그것은 전쟁 같은 삶의 굴곡을 헤쳐 나온 전사적인 당당함이었다.

그가 독일병원에 근무하고 얼마 지나지 않아 하루 밤에 환자 세 명이 사망한 경우가 있었다. 어눌한 독일어로 사망 경위서를 작성하며 밤을 꼬박 샜던 기억을 떠올렸다.

"아침이 되어 탈진이 되더군요. 도저히 이대로는 독일에서 버티기 힘들 것 같아 하루 종일 울다가 짐을 쌌어요. 한국으로 돌아가려구요. 결국 수간호사와 동료들이 말린 탓에 머무르게 된 지 54년이 되었네요."

1976년에 한용익 집사와 결혼한 그는 이국땅에서 크리스천이 해야 할 일을 하나님께 기도로 물었다. 그에게 다가온 건 로마서 12장 15절 말씀이었다.

"즐거워하는 자들과 함께 즐거워하고 우는 자들과 함께 울
라."

이 말씀은 영욕의 세월을 지낸 나라사랑에 대한 관심으로
이끌었다. 그때부터 믿음의 기도를 드리며 고국의 상황에 주
목하기 시작했다. 당시 국내 정치상황은 기도뿐만 아니라 행
동하는 용기가 필요했다. 그는 몸담고 있던 교회의 성도들과
함께 부르심에 응답하며 실천하는 신앙을 체험했다.

유신헌법에 반대하고 투옥된 박형규 목사, 김지하 시인,
명동사건에 관련된 문익환 목사와 문동환 박사의 석방을 위
한 서명운동을 전개했다. 당시 김지하 시인은 유명한 시 〈
오적〉, 〈비어〉, 〈금관의 예수〉, 〈구리 이순신〉 등으로 명성
을 날렸고 반독재 비판운동의 선두에 선 인물이었다. 김대
중 대통령의 사형선고 때도 재독 교민과 독일인들이 쿠담
(Kudamm)거리에 모여 평화시위를 펼쳤다.

노벨 문학상 수상작가인 하인리히 뵐(Heinrich Böll)이 일
간지에 김지하 관련 제목의 장문의 논설을 실었던 시기였다.
당시 서베를린 종교청 감독이던 쿠어트 샤프(Kurt Scharf) 목
사가 사형반대 시위를 적극적으로 도왔다. 샤프 목사를 비롯
한 독일 인사들이 1977년 박정희 대통령 앞으로 당시 명동성

당 사건으로 구속된 성직자들과 민주인사들을 석방하고 사면해달라는 탄원서를 보내기도 했다. 쿠어트 샤프 목사는 히틀러 시절 항거한 분으로, 한국의 독재정권 치하에서 억울하게 투옥되다 석방된 민주인사들을 독일에 오도록 많은 도움을 주었다.

1985년 7월에는 재독 여신도회가 창립되었고, 그는 90년 재독 한인교회 협회의 여신도연합회장으로 봉사하기도 했다. 90년부터 매년 8월에 한반도 평화통일 기도주간을 정하고, 2000년부터는 북한 어린이 돕기 자선음악회 행사에 성가대장으로 마음을 모았다. 교회행사마다 늘 그의 헌신이 함께 했다.

시대의 목소리에 부응해 몸을 아끼지 않은 그에게도 개인적인 아픔이 있었다. 결혼 후 1982년, 쌍둥이를 임신했지만 자궁질환으로 아이를 잃었고 자궁절제수술을 했다. 그 사건으로 평소에 아이들을 사랑했던 남편과 김 권사에게 형용할 수 없는 좌절이 찾아왔다. 평생 아이를 가질 수 없다는 사실이 가시처럼 가슴에 박혔다. 하지만 하나님의 전적인 위로와 교회 성도들의 사랑으로 조금씩 회복이 되어갔다.

"남편은 주일학교에서 아이들에게 가장 사랑받는 집사가 되고, 저 또한 맡고 있던 성가대의 청년들을 더 품을 수 있었습니다. 모두 내 자식인 것처럼 말이죠. 하나님은 육신의 자식은 아니지만 귀한 영적 자녀들을 선물하신 것 같아요."

하지만 고난은 또 휘몰아쳤다. 남편이 백혈병을 앓게 되고 골수이식을 했지만 안타깝게도 2003년 하늘의 부르심을 받았다. 두 손을 놓은 채 눈물뿐인 날들이었다. 우울증 증세가 나타났고 기도 중에도 좌절이 찾아왔다. 설상가상으로 2005년 유방암 진단까지 받았다. 암 제거 수술을 하고 더 큰 낙심의 파도가 몰아쳤다. 시간이 약이라지만 그 흔적을 도저히 없앨 수 없는 아픈 기억도 존재했다. 그럴 때마다 김 권사의 삶을 전격적으로 변화시킨 것은 십자가였다. 몸부림치며 십자가 앞에 달려갔다. 그곳에는 고통의 광야 속에서 함께 무릎 꿇는 지체들이 있었다.

"교회는 오아시스와 같아요. 지친 광야 같은 삶 속에서 목을 축이는 오아시스죠. 그 안에 그리스도의 사랑을 닮은 지체들이 있어요. 그들의 도움이 컸지요. 그때 당시 함께 했던 성도들이 지금 모두 육신적으로 종합병원이 되었지만 열정은 청년처럼 쉼이 없어요."

김 권사는 교회를 '물'이라고 표현했다. 하나님이 주신 깨끗한 물속에서 자신은 마음껏 즐겁게 헤엄친다고 했다. 평소에 찬양을 좋아해 성가대장만 25년째다. 매 주일 교회에 일찍 나와 가장 깨끗한 물에서 찬양으로 함께 할 때 가장 행복하다고 말했다.

그는 지금 그가 섬겼던 교회 공동체 안의 지체를 섬기고 '물'에서 쉼과 힘을 얻는다. 다시 세상 속으로 들어갔을 때 낙심된 자의 눈물을 닦아준다. 세상과 교회를 단절하지 않고 하나님의 소명을 이어가고자 하는 기도의 열매다.

그가 다니던 베를린 한인교회 공동체는 1972년 7월 16일부터 성 요하니스 교회 교육관에서 예배를 드렸고 공식적으로 찬양대가 조직되었다.

그는 교회가 어려웠던 당시 활동했던 찬양대원들을 한 명 한 명 이름을 불러 기억했다. 그중 한 성도는 당시에 만삭이었는데 함께 불렀던 '엘리야의 하나님'에 감동을 받아 아들 이름을 '엘리야스'라고 짓기도 했다. 그 아이는 지금 30대 후반의 견실한 청년이 되었다.

김정신 권사가 다니는 교회의 성가대 특징은 주일예배에만 국한되지 않았다. 베를린한인교회협의회 행사, 베를린선교회 행사, 외국인교회협의회 행사 등 교회 밖 행사에도 적극적으로 참여했다. 교회 안에서만 머무르는 게 아닌, 이웃과 민족의 문제까지 공동체적 연대감으로 그리스도의 사랑을 실천했다.

이국땅에서 불렀던 찬양의 위력은 컸다. 찬양을 통해 믿음을 키워가고 듣는 성도들에겐 은혜가 넘치는 기름부음이 일어났다.

성가곡 '엘리야의 하나님'은 지금도 늘 그의 입가에서 맴도는 곡이다.

갈멜산에서 쌓은 번제물을
불로써 태워 버린 여호와여
엘리야의 하나님은 나의 하나님
엘리야의 하나님이 우리의 하나님
갈멜산 제단위에 불로써 나타나신
엘리야의 하나님이 곧 나의 하나님
내가 지금 주 앞에 울부짖나이다
불로 응답하소서 응답하소서

간호사에서
시설 양로원장까지

_수간호사, 병원 간호과장, 시설 양로원장으로, **김에스더 집사**

"나는 비천에 처할 줄도 알고 풍부에 처할 줄도 알아 모든 일 곧 배부름과 배고픔과 풍부와 궁핍에도 처할 줄 아는 일체의 비밀을 배웠노라. 내게 능력주시는 자 안에서 내가 모든 것을 할 수 있느니라."(빌 4:12-13)

삶의 결정적인 순간엔 청각과 시각이 오버랩 된다고 한다. 회화 같았던 문구가 입체적인 조각처럼 튀어 오르며 말을 걸어온다. 바로 운명처럼 말이다. 그의 친구가 신문에서 오려온 '파독 간호사 모집' 광고는 그야말로 깊은 울림이었다. 그는 당시 간호학교 졸업 후 병원 간호사로 근무 중이었다.

1974년, 마치 운명의 이끌림처럼 또다른 인생의 짐을 꾸렸다. 20kg 무게의 트렁크와 100달러를 손에 쥔 채였다. 그의 독일행은 새로운 인생의 행로였다.

김 에스더 집사(67세/본명 김태식)의 첫 근무지는 베를린 훔볼트 시립병원 내과병동. 그에게 비친 독일은 이국적 낭만이 아닌 힘든 현실이었다. 청소와 음식 배식, 대소변 갈이, 환자 몸 씻기 등 밑바닥에서 다시 시작했다. 가장 큰 문화충격은 음식이었다. 첫 날 밀히라이스(Milchreis)를 먹을 때였다. 우유를 넣고 끓인 쌀죽에 시럽이나 설탕을 넣은 달디 단 밥, 덜렁 한 접시에 애플무스를 얹은 식사였다. 달짝지근한 밥이 목구멍에서 넘어가지 않았다. 긴 호흡이 필요했다. 여러 번의 시행착오 끝에 마음의 옷깃을 여미고 현실을 받아들였다.

"불평을 하다보면 그 순간을 누리지 못하는 거잖아요. 불평하기엔 시간이 너무 아까웠어요. 그래서 언어 공부를 열심히 했고, 독일을 알고 배워야 한다는 생각이 들었어요."

독일에서의 생활에 적응할 수 있었던 것은 신앙에서 비롯되었다. 독일에 온 이듬해인 1975년이었다. 같은 기숙사에 어머니처럼 인자한 한국인 간호사가 있었다. 그분의 전도로 예수를 영접했다. 출석하게 된 교회에서 모태신앙인 든든한 남편도 만났다. 당시 남편 한호연 박사는 독일에서 경제학을 공부하던 재원이었다. 1977년 결혼 후, 남편은 의대로 전공을 바꿨다. 남편이 6년 만에 의과대학을 마치고 전문의 과정 중 6년을 다른 도시에서 의사생활을 하는 동안 주말부부로 지냈다.

김 집사는 혼자 아이들을 키우면서 병원 근무와 공부를 하며 1인 다역을 소화해냈다. 물론 몸은 힘들었지만 행복했다. 남편은 성실했고 아이들은 잘 성장하고 있었다. 무엇보다 그의 삶의 동력이 하나님이었기 때문에 가능했다. 삶에 지치고 견디기 힘들 때마다 하나님은 말씀을 주셨다.

'내게 능력 주시는 자 안에서 내가 능히 못할 일이 없으리로다'

삶이 지칠 때마다 그에게 부어주신 말씀은 늘 새로운 에너지를 선물했다. 그는 근무지에서 성실성이 인정되어 외국인 중 가장 빠른 시간에 병동 수간호사가 되었다. 그리고 몇 년 후에는 병원 내 간호과장으로 승승장구했다.

"외국인으로 독일인들의 리더로 나서는 것은 쉽지 않은 일이었죠. 직원들이 외국인인 절 리더로 인정해야 하는 과정에서 어려움이 많았어요."

그러기에 그는 독일인들보다 몇 배의 열성으로 일했다. 직장생활 중 28년 동안은 한 번도 병가를 내본 적이 없을 정도. 걸핏하면 병가 내기 일쑤인 독일 동료들은 '에스더는 세상 사람이 아니다'라며 혀를 내둘렀다. 근무하면서 2년 동안 원장 자격을 위한 공부를 통해, 1993년부터는 비반테스(Vivantes; 9개의 병원, 14개의 양로원을 보유한 독일 거대

종합의료시설) 양로원 원장으로 자리를 옮겼다. 그는 직원 수만 70명이 넘는 양로원 리더가 되었다. 한 달에 한 번 14개 양로원 리더들이 회의를 할 때마다 유일한 외국인인 그는 버거운 시선을 견뎌야 했다.

하지만 그는 철저하게 회의 준비에 임했고 철두철미한 탓에 오히려 질투의 대상이었다. 늘 독일인들보다 정확하고 합리적이어야 한다는 부담감을 갖고 있었다. 하지만 그에게는 든든한 배경이 있었다.

"이 직위가 사람이 준 것이라면 무너지겠지만, 하나님이 주신 것이라면 지켜 주실 것이라는 생각을 했어요."

그는 양로원장으로 근무하며, 아침마다 사무실에서 성경을 읽고 기도로 시작했다. 아침 시간이 바빴지만 다른 이들보다 일찍 출근해 기도시간을 놓치지 않았다. 제법 규모가 있는 양로원 리더였기에 한인들에게도 도움을 줄 수 있었다. 당시 직업이 필요한 한인들에게 양로원 시간제 일자리를 제공하기도 했다. 양로원 어르신들에게는 가장 예의 바르고 친절한 원장으로 불렸다. 사회적으로도 능력을 인정받는 커리어우먼이었다. 1995년 독일에 처음 간호보험이 도입되었을 때, 그는 BKG(Berliner Krankenhausgesellschaft/베를린 병원협회) 자문위원으로 활동하며 간호보험 관련 조언을 담당했다.

회사에서는 그를 위해 매년 업무용 새 차를 선물했고, '한국에서 온 천사'라는 제목으로 병원신문에 대서특필되기도 했다. 또한 남편 한 박사는 일반내과와 산업의학 등 두 개의 전문의 과정을 마친 건강하고 촉망받는 의사였다. 신앙심이 두터웠던 남편은 근무지를 몇 군데 옮길 때마다 첫 월급 전체를 하나님의 것으로 드릴 정도였다. 세상은 그들을 향해 축복의 메시지를 계속 쏟아 주었다.

하지만 늘 앞만 보고 달렸던 그들에게 하나님은 속도를 늦추셨다. 2004년은 그에게 가장 충격적인 해였다. 성실하고 건강하던 의사 남편이 갑자기 대장암 선고를 받았다. 감기 한 번 걸려본 적 없던 건강한 남편이었다. 하늘이 무너지는 소식이었다. 암 선고 앞에서 돈도 명예도 무용지물이었다. 주님 앞에 '남편을 살려 달라'며 울부짖었다. 매일 새벽기도, 저녁에는 가족예배를 드리고 근무 중에도 금식기도로 남편의 병마와 싸워나갔다.

하지만 2008년 하나님은 그에게서 남편을 데려가셨다. 남편의 죽음 앞에 그는 하염없이 눈물만 흘릴 뿐이었다. 남편은 자신 삶에서 가장 소중했던 사람이었다. 육체의 한 부분이 잘려 나간 심정이었다. 남편을 잃은 통증이, 이후 김 집사를 심각한 패닉상태로 몰아넣었다

"엄청난 좌절과 방황이 왔어요. 하나님을 원망하며, 남편을 왜 데려가셨는지 묻고 또 물었어요."

그날 이후 교회와의 모든 관계를 끊었다. 하나님께 실망하는 마음이 너무 컸다. 몇 년 동안 의사에게서 정신과 치료를 받기도 했다. 당시 의과대학 졸업을 2학기 남겨두었던 큰 딸도 공부를 포기했다. 행복이 순식간에 저만치 멀어져 갔다. 찬란한 성공이라는 말도 과거의 일이었다. 김 에스더 집사는 슬픔을 감추기 위해 도망자처럼 일 속으로 숨었다.

인간은, 자신이 겪은 어떤 끔찍한 사고를 잊어버리려고 시간상 현재 위치로부터 빨리 멀어지고 싶어 자기도 모르게 걸음을 빨리한다. 그 걸음 속에서 아픔을 망각하고 싶어한다. 김 집사는 마음을 속도에 밀어 넣고 잰 걸음으로 달렸다.

그렇게 8년이 지나갔다. 하지만 퇴직 후 또다시 실의에 빠져들었다. 그러던 2016년 어느 날, 눈을 감고 지나온 인생을 생각하던 중 십자가의 그리스도가 찾아왔다. 아니, 늘 기다리고 있었다는 생각이 들었다. 그가 가장 힘든 시기에 '그를 업고 있었다'는 그분의 마음과 사랑이 느껴졌다.

처음으로 '감사'라는 단어가 목구멍에서 꾸역꾸역 넘어왔다. 자신이 그동안 믿었던 것이 허상이었다는 회개가 일었다. 그에게 하나님은 능치 못할 일 없는 자신의 성공을 위한 도구였다. 하나님은 은혜의 통로를 걷기 위해서는 십자가를 지고 가는 고난도 감내해야 함을 말씀하셨다. 고난과 은혜는 하나의 패키지였다. 모든 게 하나님의 계획하심 속에 있기에 원망도 실망도 그의 몫은 아니었다.

그가 40년 전 느꼈던 첫 사랑이 조금씩 회복되기 시작했다.

"그동안 하나님은 나의 행복을 지켜줄 지지대였을 뿐이었죠. 무엇보다 남편이 우상이었구요. 하나님은 온전히 당신 한 분만 바라보길 원하셨어요."

하나님은 자신보다 사랑하는 것을 허락하지 않았고 통증을 통해 더 가까이 함께 하길 원하셨다. 그는 줄달음쳐 왔던 시간을 잠시 돌아보았다. 삶의 속도를 늦추니 그분이 선명하게 보였다. 의심의 안개가 걷히고 근심의 구름이 없는 그곳에 그분이 계셨다.

사랑하는 사람을 천성에서 다시 만날 그때를 고대하며, 김 에스더 집사는 오늘도 그분과의 동행에 하루를 보낸다. 주님 앞에 설 때를 기다리며.

그의 본명은 김태식이다. 아래로 아들을 낳으라고 남자이름을 지어주었다. 그는 독일 땅에서 대장부로 살아왔다. 남편을 의대공부 시키면서 홀로 자녀들을 키웠고 자신의 업무에서도 두각을 나타냈다.

매일 새벽 5시 이후에 일어나본 적이 없을 정도로 부지런했다. 남편이 학업을 끝내고 박사학위를 받을 때 그는 말로 다할 수 없는 보람을 느꼈다. 하지만 그것은 그에게 하나님을 만나기 위한 긴 터널의 시작이었다. 자신의 자랑이었던 남편은 이른 나이에 하늘의 부름을 받았다. 이때부터 에스더 김의 삶은 하나님의 방법대로 이끄셨다. 남편이 아닌 영원한 생명인 그리스도를 바라보았을 때 드디어 하나님은 그의 삶 가운데 일하셨다.

그는 매주 한 번씩 모이는 파독 간호사 기도모임에 나간다. 그곳에서 성경을 읽고 성경역사를 공부하다보면 배움의 희열도 느낀다. 지체들과 기도제목을 나누고 통성기도와 찬양을 올리다보면 천국의 기쁨과 소망을 선물받곤 한다. 그가 가장 좋아하는 찬양은 '저 높은 곳을 향하여'이다.

"괴롬과 죄가 있는 곳 나 비록 여기 살아도
빛나고 높은 저 곳을 날마다 바라봅니다"

늘 그분이 계시는 천성을 바라보는 것으로 현재의 시름을 잊을 수 있다. 사랑하는 남편을 저 천국에서 다시 만날 것을 알기 때문이다.

그가 말했던 것처럼 그가 독일에 왔을 때 20kg 가방에 겨우 100달러 든 채였다. 하지만 지금 그의 두 손에는 더할 바 없는 생의 축복을 선물받았다. 그는 늘 고백한다. 모든 것이 하나님의 은혜라고.

파독 광부에서
간호사의 삶

_광산 기숙사교회에서 복음 전파에 힘쓴, 양기주 장로

"여호와께서 욥의 말년에 욥에게 처음보다 더 큰 복을 주시니 그가 양 만 사천과 낙타 육천과 소 천 겨리와 암나귀 천을 두었고 또 아들 일곱과 딸 셋을 두었으며 그가 첫째 딸은 여미마라 이름하였고....... 모든 땅에서 욥의 딸들처럼 아리따운 여자가 없었더라."(욥 42: 12-14)

기억은 늘 시간의 저쪽에 매복하고 있다가 엄습한다. 익숙한 통증은 존재하지 않듯이, 아팠던 자리는 다시 아파도 늘 새로운 통증으로 다가온다. 양기주 장로(72세)에게 아버지는 그런 존재였다. 기억 속에서 흩어졌다 어느 밤 문득 꿈과 함께 되살아나곤 했다. 그것은 악몽처럼 괴롭혔다. 독일에 와서도 아버지를 원망하고 증오했다. 아버지가 위중하시다는 소식을 들은 것은 2007년이었다.

막상 아버지가 위독하다는 전갈을 받고 가야할지 망설여졌다. 가슴 밑바닥에서부터 올라온 상처가 다시 스멀거렸다. 하지만 피의 이끌림은 고국으로 발길을 옮기게 했다. 평생을 당신 자신만을 위해 살았던 아버지, '교회는 상놈들이나 다닌 다'며 비웃던 아버지였다. 하지만 막상 고국에 가서 만난 아버지의 마지막은 아들이 가진 오랜 기억 속 존재했던 모습이 아니었다. 육신의 장막을 벗으며 하나님을 대면해야 하는 순간, 육체는 빈 껍데기처럼 앙상했다. 그렇게 아버지의 마지막은 초라하고 서글펐다.

죽음 앞에 선 아버지의 손을 잡았다. 차갑고 갸냘픈 뼈마디가 아버지 생의 고단함을 말해주었다.

'하나님, 나의 아버지의 영혼을 불쌍히 여겨주십시오.'

단지 그 기도밖에 할 수가 없었다. 간절히 울며 기도하는 순간, 양 장로의 마음에 용서와 사랑이 밀려왔다. 하나님은 아버지와 아들의 막힌 담을 허물었고 관계를 회복하셨다. 기도하던 중 아버지가 영원한 안식을 선물 받았다는 확신이 들었다. 양 장로는 아버지에 대한 오랜 증오의 연못에서 헤어나왔다.

그에게 유년을 추억하라면 지독한 가난뿐이었다. 그의 아버지는 자유당 시절 신익희, 조병옥 선생을 따라 정치에 뛰어들었다가 전 재산을 탕진했다. 무능력한 아버지는 자식들의 배고픔을 돌아보지 않았다. 자신의 정치욕에 가족은 안중에도 없었다. 친척들의 냉대와 멸시도 뒤따랐다.

7남매의 둘째였던 양기주 장로는 친척집을 전전했고, 농

사일을 도와주며 겨우 고등학교를 졸업할 수 있었다. 곧바로 군대를 자원, 3년 복무 후 나온 세상은 여전히 냉혹했다.

당시 세상은 파독 근로자 모집으로 떠들썩했다. 열풍 탓인지 경쟁률이 치열했다. 독일로 가고자 한 젊은이들이 줄을 이었다. 100명 모집에 몇 천 명이 지원할 정도였다.

"해외개발공사에서 일하는 사람 중에 아버지의 인맥이 있었어요. 아버지는 경제적 이유로 절 어떤 방법을 써서라도 독일로 보내야 한다고 생각했는지 백방으로 수소문을 했지요."

먼 이국 만리로 아들을 극구 보내려는 아버지에게 서운한 마음이 들었다. 하지만 한편으론 처절하고 남루한 일상에서 벗어날 수 있을 거라는 생각이 들었다.

1974년 11월 도착한 독일 딘스라켄 인근의 RAG 소속의 발줌(Walsum)광산은 겨울바람으로 스산했다. 광산에서의 하루는 두렵고 힘겨웠다. '샤크텐'이라고 불리는 엘리베이터를 타고 1000미터 지하 막장으로 내려가면 갱내 열차들이 기다렸다. 갱내 열차로 한 시간을 타고 가면 석탄을 캘 수 있는 장소가 나온다. 석탄을 곡괭이로 찍고 다이너마이트를 넣어 폭파시키는 과정에서 사고가 많았다. 석탄을 캐낼 때 동반이라는 기둥을 세우는데, 큰 쇳덩어리였다.

동반이 무너지면서 죽거나 다친 동료들이 많았다. 하루하루 죽음의 공포가 엄습했다. 일이 끝나 지상으로 올라오면 석탄가루로 뒤덮인 몸뚱이를 씻어내며 이국생활의 허무와 슬픔을 쓸어내렸다. 반복되는 거친 노동에 하루하루 지쳐갔다.

그는 매달 버는 월급에서 50마르크만 남겨두고 전부 고국으로 보냈다. 그 돈으로 한국의 가족은 생계를 유지했고, 동생 두 명은 대학공부를 마쳤다.

투쟁 같은 삶을 사는 동안 광부 3년의 계약기간이 끝나갔다. 저금한 돈도 없었기에 고국에 돌아가기가 두려웠다. 당시 파독 광부들에게 파독 간호사와의 결혼이 유행했다. 체류와 결혼문제를 동시에 해결할 수 있었기 때문.

"그 당시 서백림(서베를린)에 인물 좋은 간호사들이 많다고 소문이 났어요. 주말이면 총각들이 다섯 명씩 그룹을 지어서 9인승 버스를 타고 서백림으로 올라왔지요. 한인 간호사들이 베를린 순복음교회에 많다기에 그날 무조건 그 교회로 향했어요."

그날은 금요 철야기도회 시간이었다. 당시 베를린 순복음교회(당시 김남수 목사 시무)에는 한인 간호사들이 대부분이었다. 남성 신도는 거의 없었다. 그날 김 목사는 오랜만에 남자 청년들을 보자 반가운 마음에 손을 맞잡았다. 신앙 좋은 자매들 사이에 앉게 해 예배를 드리도록 했다. 양 장로는 이

렁듯 교회와의 첫 만남을 설레는(?) 기분으로 시작했다. 그 때 옆자리에 앉은 자매가 바로 아내 박화란 집사다.

"분위기에 휩쓸려 새벽까지 '기도모임'이란 걸 하고 나니 간호사들이 자신들이 쓰는 기숙사 방을 하나 내주고 우리들 을 묵게 해주더군요. 그날 누워 있는데 마음이 이상하리만치 편안했어요."

그날 이후로 주말이면 옆자리에 앉았던 믿음 좋은 자매를 보기 위해 베를린으로 향했다. 베를린 순복음교회를 왕래하 면서 사랑과 함께 믿음도 자라나기 시작했다. 신부감이 목적 이었지만 그때부터는 하나님이 더 중요했다.

당시 신앙이 있는 광부들끼리 예배모임을 만들자는 의견 이 모아지면서 광산 내 작은 기숙사 교회도 만들어졌다. 그는 광산교회 모임을 통해, 그의 삶 전체를 걸어도 아깝지 않은 복음을 만났다.

양 장로는 1977년 파독 간호사였던 박화란 집사와 결혼을 하고, 아내가 있는 베를린으로 자리를 옮겼다. 베를린에는 탄 광이 없었기에 새로운 직장을 구해야 했다. 자격증을 취득해 용접회사에 취직했다. 하지만 용접 일을 6개월 정도 하는 동 안 심한 회의감에 빠져 급기야 반갑지 않은 우울증까지 찾아 왔다.

"아내에게 고국으로 돌아가자고 애원했어요. 하지만 아내는 '자신은 독일이 좋고 간호사 직업은 하나님이 주셨다'면서, 가려거든 혼자 가라는 겁니다. 그러면서 저에게 제안을 하더군요."

아내의 제안은 간호사가 되기 위한 교육을 받으라는 것이다. 사실 당시만 해도 간호사는 여성만의 직업이라는 편견이 있었기에 선뜻 마음이 내키지 않았다. 하지만 자신도 모르는 사이에 그 길을 들어서고 있었다. 그것은 전적인 하나님의 인도하심이었다.

1981년 간호보조원으로 시작해, 병원 측의 권유로 3년 교육을 받은 후 정식 간호사가 되었다. 남자 간호사가 흔하지 않았던 시기였기에 주목을 받았다. 간호사는 생명을 살리고 남을 섬길 수 있는 헌신의 통로였다. 양 장로는 '이 산지를 내게 주소서'라는 갈렙의 고백을 입술로 선포하며 환자들의 영육 구원에 힘썼다.

하지만 결혼생활이 지속될수록 초조해지는 문제가 있었다. 바로 2세였다. 부부 모두 아이를 원했지만 태의 문이 열리지 않았다. 양 장로 부부는 하나님께 무릎을 꿇었다. 3년이 지난 후 하나님은 다른 방법으로 그들의 기도에 응답하셨다. 마음으로 낳은 생명의 씨앗이었다.

하나님은 기도하는 동안 입양에 대한 마음을 주셨고, 이후 태어난 지 3주된 딸을 한국에서 데려올 수 있었다. 양 장로는 딸의 이름을 '미마'라고 지었다. 욥기의 마지막 장에 언급된, 동방에서 가장 아름다운 딸 '여미마'의 이름에서 따온 것이다.

양 장로 부부는 헌신적으로 미마를 양육했다. 하지만 어려움은 끊이지 않았다. 딸은 사춘기가 되어 방황하며 학교생활을 등한시하기도 했다. 양 장로는 딸을 위해 그때마다 십자가 앞에 나아갔다. 딸 미마는 양 장로에게 더 낮아지게 하는 겸손의 도구였다.

"그 아이 손을 잡고 울며 기도했어요. 매일 아이를 위한 기도를 드리면서, 잃어버린 영혼에 대한 하나님의 사랑을 더 간절히 알아갈 수 있었어요."

하나님은 양 장로의 기도에 응답하시고 조금씩 미마의 마음을 열기 시작했다. 미마는 시간이 흐르면서 부모의 사랑과 기도의 힘에 반응하며 회복되어갔다. 하지만 그는 여전히 딸이 세상의 성공을 바라보고 질주하고 있는 것이 아쉽기만 하다.

양 장로의 기도제목은 오직 하나다. 딸 미마가 진정으로 하나님께 시선을 고정하는 것. 그는 자신의 아버지를 생의 마지막에 회복시켰던 하나님의 긍휼하심이 딸에게도 임하길 간절히 기도한다.

베를린을 왕래하며 알게 된 복음은 그에게 달디단 선물이었다. 그는 딘스라켄(Dinslaken) 광산의 기숙사에서 예배모임을 만들었다. 당시 기숙사에는 2백여 명의 한인 광부들이 생활을 했다. 그중 한국에서 이미 복음을 알았던 이들도 있었다. 그들이 주체가 되어 작은 기숙사 교회가 만들어졌다. 각자의 소속 교단과는 별개로 초교파적인 신앙 공동체였다.

1975년 1월, 그들은 광산 기숙사 식당 한구석에서 예배를 드리며 하나님을 뜨겁게 만났다. 기숙사 교회에서 양기주 장로는 믿음의 발판을 다졌다. 그는 성경을 통해 십자가 사랑의 위대함을 깨달아 신학에 대한 열망도 있었지만 하나님의 뜻은 간호사의 길을 걷게 했다. 하나님을 알아갔지만 그에겐 아버지에 대한 숙제가 남아 있었다. 마음 깊은 곳의 미움이 늘 꿈틀거렸다.

아버지를 원망하는 마음과 그리스도를 섬기는 마음은 한 축이 될 수 없었다. 즉 전혀 다른 두 마음이 하나가 될 순 없었다. 양 장로는 아버지의 죽음 앞에서 자신의 증오를 철저히 내려놓음으로 진정한 제자의 삶을 살 수 있었다.

어느 책에서 본 내용이다.

"우리가 사랑과 용서 안에서 뚜벅뚜벅 걸어 들어가 그 멍에를 자진해서 어깨에 짊어질 때 비로소 그 사랑과 용서의 멍에가 얼마나 가벼운지 그 자비의 습관이 얼마나 온당한지 알게 된다. 그렇게 할 때 우리는 용서의 강력한 영향력과 우리를 높이 들어 올리고 강하게 하시는 용서의 힘을 느끼게 될 것이다."

용서와 회개만큼 그리스도의 성품을 닮은 것은 없는 것 같다. 회개를 했을 때 용서를 흘려보낼 수 있는 용기도 생긴다. 엄밀히 말하면 우리는 누구를 용서할 자격도 없는 죄된 존재다. 우리 또한 거저 받은 은혜인 십자가의 사랑 안에서 새 삶을 부여받았기 때문이다.

독일교회와 몽골교회에서

한 영혼 살리기

_독일교회 장로와 몽골교회 설교자로, 유혜진 장로

"오직 성령이 임하시면 너희가 권능을 받고 예루살렘과 온 유대와 사마리아와 땅 끝까지 이르러 내 증인이 되리라 하시니라."(행 1: 8)

루터의 종교개혁 500주년이던 2017년, 독일 정부는 동성애 결혼을 합법화시켰다. 골고다 예수에게 '못 박아라' 소리치던 무리들처럼 독일인들의 탄성은 뜨거웠다. 마치 자신들이 단단한 관습의 얼음을 깨고 해방의 싹을 키워낸 것 마냥 승리의 함성이었다.

성경적 가치관을 고수해야 할 교회조차 세속의 가치관과 결탁해 하나님의 법도가 희미해졌다. 유혜진 장로(69세)의 기도가 더 뜨거워진 것도 그런 이유다.

2018년, 그가 출석하는 독일교회인 바인베르그 교회(포도원 교회/Weinberg Kirchengemeinde)에서 한 동성애 청년이 교회 내 결혼식과 목사님의 주례를 요청했다. 성경적 원리와 관용 사이에서 교회는 고민에 빠졌다. 결국 장로 12명이 긴급회의에 들어갔다. 당시 유 장로를 포함, 두 명만 반대의 사를 던졌다. 나머지 열 명은 인본주의적 가치관을 지향했다. 그런 상황을 지켜보면서 유 장로는 '명백한 하나님의 말씀이 시대의 가치관에 함몰되는 것 같아 개탄스럽다'며 안타까워했다.

독일에서 동성애 합법 결혼이 허용되면서 이제 독일사회는 걷잡을 수 없는 성 정체성의 혼돈으로 빠져들고 있었다. 그러기에 그의 기도는 더욱 강력해졌다.

유 장로의 굳건한 신앙적 근원은 어머니다. 그의 어머니는 유 장로를 낳기 바로 직전 하나님을 뜨겁게 만났다. 그러기에 유 장로는 어머니의 신앙적 첫 열매인 셈. 어머니는 당시 복음의 황무지인 경남 밀양에 교회 건축의 주춧돌을 쌓았다. 이후 회갑의 나이에 중국 선교사로 사명의 길을 떠나게 된다. 유 장로는 어머니의 신앙적 담대함과 결단을 존경했다.

그가 파독 간호사로 독일행 비행기에 오른 것은 1971년.

"남들처럼 돈을 벌기 위해 독일에 왔지만, 무엇보다 독일 선교를 위한 걸음이라는 생각이 들었어요. 마치 선교사 파송처럼 고향인 밀양교회에서 환송예배를 드렸지요."

그의 간호사 생활은 그리 길지 않았다. 독일에 온 지 6년 후인 1977년, 독일인 귄터(Guenter) 씨와 결혼했다. 이후 육아에 전념하라는 남편의 조언에 순종, 병원생활을 접었다. 이 때부터 본격적인 하나님과의 영적 만남이 시작되었다. 매일 삶은 경건의 시간이었다.

그러던 어느 날 남편이 몰몬교에 깊숙이 빠진 것을 알게 되었다.

"한 번은 남편이 몰몬교 사원에서 다시 결혼식을 해야 '달의 천국'에 갈 수 있다고 하더군요. 그래서 제가 '우리는 성부, 성자, 성령의 이름으로 결혼했다. 앞으로 그런 이야기 하면 이혼할 준비가 되어 있다'고 담대하게 이야기했어요."

남편은 다혈질의 성격이었다. 화가 나면 라디오를 집어던지고, 결혼반지도 화장실 변기에 버릴 정도였다.

"저에겐 끝없는 인내와 기도의 시간이었죠. 나중에서야 남편을 통해 날 연단하셔서 선한 도구로 사용하실 하나님의 계획임을 알았어요."

어느 날 유 장로는 기도하던 중, 마음에 이끌려 집안에 쌓여 있는 몰몬교 관련 책들을 몽땅 쓰레기통에 버렸다.

"그날 남편이 회사에서 잠깐 전화가 왔길래 이야기했어요. 당신의 책들을 모두 버렸다고 말했죠. 그랬더니 농담인 줄 알고 그저 '허허' 웃는 거예요. 그래서 제가 '당신이 이걸로 날 죽인다 해도 난 죽을 각오가 되어 있다'고 말했어요. 정말 진리를 위해 죽음도 아깝지 않았어요."

당시 남편은 독일 몰몬교에서 권위적인 위치에 있었다. 쉽게 내려놓을 수 없는 중요한 자리였다. 완고했던 독일남편을 참 진리의 자리로 이끄는 건 쉽지 않았다. 하나님만이 해결사가 되어야 했다. 그는 남편에게서 절망의 벽이 느껴질 때마다 십자가 앞으로 달려갔다. 유 장로의 눈물을 지켜본 딸과 한국에 있는 유 장로의 어머니도 같은 시간에 중보의 무릎을 꿇었다. 삼대의 여인 셋이 장소는 달라도 같은 시간에 하나님께 간구했다.

유 장로는 기도하던 중 하나님의 음성을 들었다. 하나님은 '딸아, 내가 너의 눈물을 보았다.'라고 위로하셨다. 남편의 마음이 조금씩 누그러지는 걸 느낀 건 그때부터였다.

"2002년이었어요. 남편이 '우리가 이렇게 분쟁하는 것은 힘드니 딱 1년만 당신이 다니는 교회에 나가보겠다'는 거예요. 그 후로는 자신이 어디 가든지 상관하지 말라는 겁니다."

하나님은 삼대가 맞잡은 간절한 기도를 결혼 25주년에 깜짝 선물처럼 응답하셨다. 남편 귄터는 교회를 다니면서 하나님을 더 깊이 알아갔다. 1년만 다녀보겠다는 말은 지켜지지 않았다. 남편은 2010년 하나님의 부르심을 받을 때까지 여생을 바인베르그 교회 성도들을 주님의 사랑으로 섬기며 유 장로와 함께 장로직을 성실히 수행했다.

유 장로는 바인베르그 교회에서 17년 전부터 새벽기도회를 시작해 성도들과 기도를 모으고 있다.

또한 몽골인 자매를 통해, 독일에 사는 몽골인들의 복음화에 눈을 뜨게 하셨다.

2007년 초창기 몽골인 교회는 2차 세계대전의 상징인 '빌헬름 황제기념교회' 예배당을 빌려 예배를 드렸다. 그리고 2017년 7월부터는 유 장로가 다니는 바인베르그 교회를 예배처로 삼았다. 이 예배당은 오전 11시에는 독일교회, 오후 3시에는 몽골인 교회인 셈이다.

유 장로는 몽골인 교회(베를린 생명의 빛 교회)에 무보수 설교자다. 그가 독일어로 설교하면, 몽골인 자매가 몽골어로 통역한다.

"몽골인 선교가 워낙 힘들어요. 그들 스스로가 '자신들은 유목민이기에 풀이 있는 곳에는 머물고 없으면 옮긴다'고 이야기를 하죠. 필요가 채워지면 떠날 수 있는 사람들이에요. 그저 양 한 마리를 찾으시고 기뻐하시는 예수님의 마음으로 섬기고 있습니다."

유 장로의 몽골 사랑은 남다르다. 남편 장례식에 지인들에게 꽃(통상 독일에서는 장례식에 꽃을 들고 온다) 대신 선교비를 부탁했고, 자신의 60세 생일에도 선물 대신 선교비를 요청해 모은 헌금으로 몽골 현지 교회 확장기금에 보냈다. 그동안 매년 교회 재정에서 남은 전 잔액을 몽골 현지 선교비로 지원하기도 했다. 2017년에는 8명의 몽골 현지인 신학생을 후원했고, 2018년엔 10명의 리더들에게 선교비를 지원했다.

"오직 주님의 지상명령을 교회의 푯대로 삼고 있습니다. 선교에는 헌금도 중요하지만 무엇보다 기도가 절실합니다."

그는 매일 대부분의 시간을 기도로 온 몸을 채운다. 세상 가치관이 성경의 진리를 무너뜨리는 요즘, 하나님의 음성에 더 귀 기울이기 위해서다. 루터 종교개혁 500년이 지난 독일이 세상문화 속에 스며드는 것을 개탄한 유 장로는 지금도 독일교회를 향한 기도를 멈추지 않는다.

온 세상에 그리스도의 계절이 도래할 때까지 기도의 등불을 끄지 않을 것이라고 그는 다짐한다. 인생의 변곡점마다 동행하셨던 성령님이 그의 기도 속에서 일하실 것을 믿는다.

1832년에 태어나 중국내륙선교회를 만들고 중국 선교의 발판을 세운 허드슨 테일러(Hudson Taylor 1832 -1905)의 생애는 우리에게 많은 영적 감동을 전해준다.

허드슨 테일러는 선교사적 소명과 하나님을 향한 갈망으로 인생을 보냈다. 그는 중국 선교 중 사랑하는 아내와 세 아이를 하나님 품으로 보냈다. 그런 고난과 시련 속에서도 주님의 임재하심으로 진정한 평안의 훈련을 쌓아갔다. 그가 하나님께 모든 걸 맡기고 그 안에서 얼마나 참 평안을 누렸는지 알 수 있는 편지 글의 일부다.

'이제 저는 어떤 것에 대해 염려나 근심을 하지 않습니다. 주님께서 주님의 뜻을 이루실 줄을 알며, 주의 뜻은 곧 저의 뜻이기 때문입니다.

주님께서 저를 어디에 또 어떻게 놓아두시느냐 하는 것은 문제가 안 됩니다. 그것은 저의 할 일이 아니라 주님께서 생각하실 일입니다.

가장 좋은 환경에 처해 있다 해도 주님께서는 은총을 베푸시며 가장 어려운 환경에 처해서도 주님의 은총이면 충분할 것입니다.

하나님께서 만일 저를 심각한 곤경에 처하게 하시면 주님께서 또한 피할 길을 주시지 않겠습니까? 곤경의 정도에 알

맞은 은총을 주시고 압박과 시련 가운데서도 힘을 주시지 않겠습니까?

　어떤 위급한 상황에서도 주님의 자원이 이를 감당하기에 부족할 것을 두려워할 필요가 없습니다. 주님의 무궁한 자원은 곧 저의 것입니다. 주님은 곧 저의 것이기 때문입니다. 주님은 저와 함께 계시며 제 안에 계시기 때문입니다.'

PRAY

시간의 자화상을
그리다

_얼굴화가, 이단비

나 같은 죄인 살리신 주 은혜 놀라와

잃었던 생명 찾았고 광명을 얻었네

큰 죄악에서 건지신 주 은혜 고마워

나 처음 믿은 그 시간 귀하고 귀하다

그에게 '얼굴'은 오래된 시간의 빛깔이었다.

붓을 들다보면 늘 얼굴이었다. 어쩌면 사람에 대한 애증의
흔적인지 모른다. 언젠가부터 원초적인 외로움이 시작이었
고, 마치 찰나가 영원인 것처럼 누군가를 사랑했다.

그의 아틀리에는 얼굴로 가득 차 있다. 텅 빈 도화지에 얼
굴을 채워 가면 괴로웠던 시간의 퇴적층이 허물어졌다. 이제
인생을 굽이굽이 돌아 거울 앞에 선 누이처럼, 그의 그림에도
숙성된 우아함이 있다.

이단비(본명 이명숙/70세) 집사의 화실 풍경이다. 그는 얼
굴화가다. 전문적인 미술공부를 하지 않았지만 그리는 것에

애착을 느꼈던 그가 막상 그림을 시작한 것은 독일로 온 이후부터다.

독일 시민학교(Volkshochschule) 미술반에서 취미로 실크를 배웠다. 원래부터 재능이 있었는지 곧바로 미술반에서 강사로 일했다. 그때서야 그의 천부적 열정과 끼가 세상 속으로 마구마구 쏟아져 나오기 시작했다.

어릴 때부터 꿈이 무엇이냐 물으면 언제나 화가였다. 하지만 삶은 꿈과 무관하게 자기의 길을 재촉했다. 넉넉하지 못한 형편 때문에 등 떠밀려 선택한 간호학교였다. 당연히 공부는 뒷전이었다. 부모님과 떨어져 할머니와 살았던 그는, 늘 미운 오리새끼였다. 할머니는 가끔씩 무당을 불러 굿을 했다. 그런 날은 늘 악몽을 꿨고 병적인 두려움에 휩싸였다.

할머니는 그를 볼 때마다 반찬처럼 욕이 끊이지 않았다. '지 엄마 닮아서 지지리도 못 생겼다'는 할머니의 핀잔 탓에 마음은 염증처럼 곪아갔다. 외모에 대한 열등감이 그림자처럼 따라붙었다. 결국 마음의 빗장을 닫았다. 자살하려고 청산가리를 가지고 다녔다. 그러다 주변에 예쁜 사람을 보면, 관음증 환자처럼 집에 와서 몰래 그 사람의 얼굴을 그렸다. 예쁜 얼굴과 자신의 모습을 하나로 형상화시키면 왠지 모를 쾌감이 느껴졌다.

스무 살에 한 남자를 만났다. 잔뜩 밑바닥으로 떨어진 자존감은 넘지 못할 육체의 욕망을 낳았다. 아니, 처절한 생의 포기였다. 반복된 시간의 미로 속에서 그는 길을 잃었다. 당시 60년대에 처녀의 낙태는 우울한 미래의 복선이었다. 수치심에 도망치듯 비상구로 선택한 곳이 독일이었다.

그가 1972년 파독 간호사로 도착한 곳은 당시 서독의 수도 본(Bohn)이었다. 병원 수술실의 근무는 말할 수 없이 고된 업무였다. 독일 동료들은 억세고 거칠었다. 두려움과 고독이 파고처럼 엄습했다. 그런데 이상했다. 너무 힘들 때 뇌파 속에 파고드는 곳이 있었다. 할머니가 굿을 할 때마다, 무서워서 도망가듯 뛰어갔던 마을 예배당이었다. 독일에 와서 문득 그 생각이 나자 무조건 교회를 찾았다. 교회가 자신을 위로해줄 것 같았다. 눈물을 뿌리며 독일교회의 문을 열자, 편안함이 빛처럼 쏟아졌다. 하지만 그것도 잠깐의 휴식을 주는 소파일 뿐이었다.

3년 계약기간이 지난 후, 한국으로 돌아갔다. 그동안 부었던 연금을 다 털어 부모님께 집을 사드렸다. 그건 3년 독일생활의 성적표처럼 꼭 보여줘야만 하는 일이었다. 그런데 허전했다. 비워버린 고국의 시간은 청춘에게는 긴 공백이었다. 고향에서 자신은 독일에서처럼 이방인이었다. 마음을 달랠 길 없어 그림을 그렸다. 그것도 부족했다.

결국 2년 후 탈출하듯 짐을 싸서 다시 독일로 왔다. 오래 전 병원에서 알게 된 독일남자의 초청으로 가능했다. 다시 예전처럼 병원에 출근했고, 대가를 지불한 것처럼 초청해준 남자와 결혼해 주었다. 독일남편은 장애인인 어머니와 단 둘이 살고 있었다. 독일인 시어머니는 아시아에서 온 체구 작은 여자를 달가워하지 않았다. 또다시 자존감이 바닥으로 요동쳤다. 남편은 쾰른에서 공부를 했고, 주말에만 어머니가 있는 본으로 왔다. 하지만 본에 있는 시간마저도 친구들과 함께 보냈다.

"시어머니는 거동이 불편해서 제가 근무시간 이후에 돌봐드리고 살림을 도맡아 했지요. 그때 남편은 아이를 원하지 않았어요…… 정말 외롭고 힘든 시간이었어요."

그때 그가 찾은 유일한 비상구는 교회였다. 외로운 마음에 예배를 드렸지만 여전히 마음은 피폐했다. 이방 땅에서 청춘의 눈물은 짜고 서글펐다. 수술실에서 근무했기에 가끔 당직을 하면 병원에서 잠을 잤다. 시어머니만 있는 집에 들어가는 것도 고달픈 일이었다. 병원에서는 다행히 그의 외로움을 달래주는 이가 있었다. 가정이 있는 스위스인 당직의사였다. 의사 또한 독일이 타국인지라 외로워 보였다. 이 집사는 스위스인 의사에게서 인생 처음으로 '당신, 참 예쁘다'는 말을 들었다. 그 언어는 광활한 사막에서 만난 초록의 나무처럼 싱그러웠다. 마음과 몸이 송두리째 그 의사에게로 향했다.

육체만 갈구한 사랑은 위험을 동반한다. 그가 임신한 걸

알았을 때 스위스인 의사는 이미 아내가 있는 자신의 고향으로 돌아간 뒤였다. 또 한 번 버림의 경험이었다. 아이를 낳는 산고의 고통은 지난한 삶에 대한 통증의 결과를 상징했다.

"사실 절망감이 들었어요. 딸을 낳았는데, 다행히 같이 살고 있는 남편이 자기 자식처럼 키우겠다고 했어요. 하지만 제 마음엔 이미 남편에 대한 사랑은 없었어요. 아이가 자라면 남편과 헤어지겠다고 속으로 굳게 다짐을 했으니까요."

결국 시간이 흘러 2000년 딸이 대학을 입학하던 해, 부부의 끈을 내려놓았다. 그때 이혼소식을 들은 딸은 처음으로 자신의 출생을 알게 되었다. 충격은 불 보듯 뻔했다. 딸은 삭발까지 감행하며 분노를 드러냈다.

"아이는 여태까지 남편을 친아버지라고 생각했었어요. 아이는 저에 대한 배신감에 힘들어 했지요. 전 그때 교회는 다녔지만 죄와 회개가 뭔지 잘 몰랐어요. 가면을 쓰고 살았죠. 그저…… 육신이 흘러가는 대로 살았어요."

이후의 삶은 더 리얼했다. 이혼 후 이 집사는 당시 한국계 네덜란드 남성인 김 라파엘 씨를 알게 되었다. 그는 중국 길림성에서 태어나, 아버지가 김구 선생과 독립운동을 했던 이였다. 나이 들면 중국으로 건너가 조선족들에게 영어를 가르쳐주고 싶다는 소망을 비쳤다.

2005년, 그를 따라 무작정 또 다른 생의 길을 떠났다. 길림 성은 문맹인 조선족이 많았다. 이 집사는 교회에서 성경 쓰기를 통해 조선족에게 한글을 가르쳤다. 난생 처음 뿌듯함이 몰려왔다. 하지만 행복도 잠시. 삶은 광기처럼 그를 향해 달려들었다.

어느 날이었다. 라파엘 씨가 건강검진 중 대장암 진단을 받게 된 것. 결국 두 사람은 라파엘 씨가 원래 살았던 네덜란드로 돌아왔고, 5년이 지난 2010년 결국 숨을 거뒀다. 이 집사는 다시 처절하게 혼자가 되었다.

"그분을 화장하고 유골함을 찾아와야 하는데 돈이 하나도 없었어요. 저에게 남은 것은 아무 것도 없었어요. 그제서야 십자가 앞에 울부짖었어요."

그때 자신의 유일한 피붙이인 딸이 함께 살자고 연락이 왔다.

딸은 여전히 깊은 상처 속에 있었다. 밤새 함께 잠을 자며 이야기하다 울었다. 모녀는 그들 각자의 삶에 얽힌 상처를 싸매주고 어루만졌다. 그 안에는 영원한 회복자 되신 예수 그리스도의 마주잡은 손이 있었다.

"내가 정말 죄인이었구나 생각하며, 얼마나 울며 회개했는지 몰라요. 주님은 저 같은 죄인을 지금까지 버리시지 않고 사랑으로 묵묵히 기다려 주셨어요."

하나님은 그에게 세상의 잣대를 들이대거나 적대적인 입장이 아닌, 날 것 그대로 안아주셨다. 그분을 통해 진정한 자존감의 회복이 왔다. 그의 작품에는 어두운 삶의 터널을 지난 후 찬란한 햇빛을 보는 것 같은 화사함이 있다. 그분이 주신 진정한 위로와 회복이 작품 속에 녹아나기 때문이다.

아틀리에 창밖으로 그의 이름처럼 봄의 단비가 내린다. 이제 그에게 봄날이다.

누구든 인생마다 되돌아보면 연도별 서사를 나열하는 것처럼 간단하지만 그 안에는 순간의 스토리와 크고 작은 희로애락이 숨 쉬고 있다.

강철왕 카네기의 사무실 벽에는 그가 아끼는 그림과 글귀가 있다고 한다. 나룻배 하나와 배를 젓는 노가 썰물 때에 밀려서 모래사장에 널브러져 있는 모습의 그림이다. 그런데 그 그림 밑에는 '반드시 밀물 때가 온다'는 글귀가 씌여 있다.

이 짧은 문장이 카네기의 인생문구가 되었다. 그는 어느 노인의 집에 걸려 있던 그림을 처음 보고 늘 기억하고 있다가 나중에 노인을 찾아가 그 그림을 달라고 했다고 한다. 그림을 선물 받은 카네기는 자신의 사무실에 걸어놓고 힘들 때마다 격려를 받곤 했다.

그 그림 속에서 희망을 읽었다. 인생이 나룻배처럼 썰물 때가 되어 볼품없이 모래사장에 쓰러져 있다가도 어느 순간 밀물이 되면 출렁이는 바다 물결 속에서 살아난다는 의미였다. 인생도 이와 같아서 썰물 같은 때가 있지만 밀물의 때에 다시 행복이 찾아와 희망을 건네주기도 한다. 슬픔은 기쁨이 되고 절망은 희망이 되는 순간 말이다.

카네기가 남긴 말 중에 이와 맥락을 같이한 글이 떠오른다.

"평소에 흔들림 없는 삶의 태도를 유지하는 것은 인생의 갖가지 어려움을 현명하게 대처하는 길이다"

　　때론 부끄러움 가득한 인생이지만 어느 순간 다시 밀물처럼 회복의 시간도 도래한다. 주님도 가장 처절한 마구간에서 태어나 가장 비참한 십자가로 가셨지만 3일 후 온 인류의 희망인 부활로 다시 살아나셨다. 그러기에 우리 인간에게도 희망이 있다.

　　비록 지금 고된 길을 가고 있다 해도 결국엔 구원자 되신 그분을 통해 영원한 생명을 보장받을 수 있기에 그렇다.

독일 남편 반나쉬가
한국사람 반 서방으로!

_독일 함부르크 대학병원 수간호사, 박신숙 권사

나를 지으신 이가 하나님
나를 부르신 이가 하나님
나를 보내신 이도 하나님
나의 나 된 것은 다 하나님 은혜라

나의 달려갈 길 다 가도록
나의 마지막 호흡 다 하도록
나로 그 십자가 품게 하시니
나의 나 된 것은 다 하나님 은혜라.

　겨울 바닷바람이 여전히 차가운 3월의 함부르크 (Hamburg) 항구. 대도시가 드러내는 화려한 랜드마크는 없지만 코끝을 오가는 갯벌 내음이 방문객의 발걸음을 붙잡는다. 쓸쓸이 나부끼는 선박의 깃발에는 채 보내지 않은 겨울의 한기가 묻어 있다. 갯바위에 부딪히는 물결이 비늘처럼 반짝인다.

항구 저편을 향한 그의 눈빛이 막 누선이 터지기 시작한 사춘기 소녀의 눈망울 같다. 대양 저편에 그리움이 있을 터였다. 고향을 떠나온 지 47년이다.

'나 주저함 없이 그 땅을 밟음도 나를 붙드시는 하나님의 은혜'.

박신숙 권사(67세)에게서 '하나님의 은혜' 찬양이 고요히 흘러나왔다. 병원 출퇴근길 그의 입술은 늘 찬양으로 채워졌다. 그는 지금껏 한길만을 걸어온 동양의 작은 천사, 파독 간호사다.

인생의 꽃망울이 막 터지기 시작한 스무 살이었다. 간호학교 졸업 후 보건소에서 일하던 중 독일을 품었다. 그에게 독일은, 가난하고 남루한 미래를 벗어던질 보증수표였다.

1973년, 독일 뤼벡(Lübeck)에 있는 대학병원에서 첫 근무가 시작되었다. 그날은 축축한 초저녁달이 이국 땅 하늘 위에 걸려 있었다. 달을 바라볼 때면 어김없이 고향 내음이 코끝을 간지럽혔다. 시간이 지날수록 언어문제와 향수병이 고문처럼 옥죄어져 왔다. 고독할 때는 누군가 자신의 등을 쓸어주길 기다릴 때가 있다. 외로움 속에서 그렇게 누군가와 만남은 시작되었다. 근무 시작한 지 6개월이 되던 때였다. 응급실에 한 독일인 교통사고 환자가 실려 왔다.

"그가 있는 병실에 커피를 나눠주고 나오는데 저에게 살짝 쪽지를 주는 거예요. 자신은 독문학과 학생이라며 저의 독일어 문법을 교정해 주겠다는 겁니다."

젊은 독일인과의 사랑은 그렇게 시작되었다. 빈프리트 반나쉬 학생이 입원한 7주 동안 세상은 온통 즐거움으로 가득 찼다. 그들은 환자와 간호사로, 때론 독일어 학생이자 선생으로 시작해 결국엔 연인으로 이어졌다.

반나쉬(Bannasch) 씨는 청소년 시절에 부모님을 여읜 고아였다. 독학으로 대학을 다닌 생활력 강한 청년이었다. 4년 후 반나쉬 씨는 대학 졸업과 함께 함부르크에 있는 중고등학교의 독일어 교사로 발령이 났다. 눈부시게 환한 청춘의 행복이 웨딩마치 속에 스며들었다.

결혼 후 두 사람은 함부르크로 이주했다. 물론 결혼할 당시, 한국에서 아버지의 반대가 심했다.

"아버지가 독실한 기독교 신자여서 이해해주실 줄 알았는데 외국인과의 결혼만은 반대하셨어요. 나중에 집에 가서 보니 형제들 결혼사진은 다 있는데 우리 부부 것만 없더군요."

아버지가 돌아가시고 나서야 남편은 한국을 방문할 수 있었다. 어머니는 의외로 새하얀 얼굴의 사위를 살가워했다. 이름 첫 자를 따서 '반 서방'이라고 불렀다. 어머니는 삶의 고뇌를 믿음으로 이겨낸 신실한 여인이었다. 두 아들을 먼저 하늘나라로 보냈지만 한 번도 하나님을 원망하지 않았다. 어머니는 아들들을 다시 만날 것을 소망하며 하루하루를 채워나간 분이다.

"큰 오빠가 정신질환으로 10년을 병치레하다 집안이 풍비박산이 되었어요. 그렇게 사랑하던 큰 아들을 보내고, 둘째아들까지 이어서 갔는데 어머니는 끝까지 주님을 버리지 않으셨어요."

오히려 어머니는, 하나님보다 두 아들을 더 사랑한 자신을 회개했다. 하지만 박 권사는 그런 어머니가 이해되지 않았다. 어머니의 유일한 기쁨을 하나님이 빼앗아갔다고 불평했다.
그는 파독 간호사로 독일에 온 이후 믿음을 놓아버렸다. 독일 삶에 적응하기도 바쁘다고 핑계를 달았다. 아무런 죄의식도 없었다.

그러던 어느 여름, 온 가족이 한국을 방문했다. 어머니의 기도로 친인척 중 7명 이상이 신실한 목회자가 된 것을 알았다. 하루도 빠지지 않고 가정예배를 드리며 주님과 교제하는 어머니의 모습에 박 권사의 가슴은 조금씩 뜨거워졌다.

독일에 돌아와서도 어머니의 기도하는 모습이 자꾸만 떠올랐다. 주님을 향한 이끌림에 1982년, 한인교회 예배에 참여했다. 예배 도중 참았던 울음이 터져 나왔다.

하나님은 당신의 딸을 기다리며 만남을 요청하셨던 것. 원래 하나님을 믿지 않았던 독일인 남편도 한인교회에 발을 들였다. 한국의 장모를 좋아하고 따랐던 남편이기에 어머니가 믿는 하나님을 믿겠다고 했다. 남편은 결혼 후 어머니가 살아 계시는 동안 30년 동안 3개월에 한 번씩 자신의 월급에서 떼어 2천 마르크씩 한국으로 송금한 효자 사위였다. 소통을 위해 한국어를 독학으로 배우고, 한식을 즐겨했다.

"어머니는 치매가 걸렸던 중에도 제 남편이 어머니에게 '엄마'라고 부르면 쳐다보지도 않다가 '권사님'이라고 부르면 대답을 하는 거예요. 그리곤 치매인데도 '믿지 않은 친구들이 있어서 전도하고 나서 하늘나라 가겠다'고 말씀하실 정도였어요."

결혼 후 박 권사의 독일 삶은 안정을 찾아갔다. 근무하던 병동에서 수간호사로 인정받았고, 의사들은 큰 수술이 있을 때마다 유독 박 권사만 찾았다. 교회에서는 성가대장으로, 함부르크 한인합창단장으로 분주한 일상을 보냈다. 교회 봉사 속에서 박 권사는 늘 기쁨을 찾곤 했다.

그러던 2003년, 아우토반(고속도로)에서 큰 사고를 겪었다.

"뒤 차가 제 차를 들이받아 세 바퀴를 돌고 멈춰 섰어요. 멀리 건너편에서 차가 오는 게 보였는데 다행히 부딪히진 않았죠. 그때 천사가 절 강하게 붙들고 있다는 느낌이 들었어요."

그로부터 10년 후인 2013년, 또 한 번 인생의 브레이크가 걸렸다. 우연히 유방 정기검사 중 유방암 3기 진단을 받았다. 곧바로 수술날짜를 잡았다.

"수술실에 들어가는데 누군가 절 위해 기도한다는 생각이 들었어요. 그동안까지 전 독일에서 잘 살아왔다 했는데 마음으로는 많이 외로웠고 혼자라는 느낌이 있었던 같아요. 그런데 어머니와 형제들이 새벽예배마다 눈물로 기도하는 모습이 보였어요."

하나님 은혜 속에 살았음에도 순간순간 원망만 하고 살아온 자신이 파노라마처럼 스쳐지나갔다. 은혜 아니면 살 수가 없고 호흡마저도 주님의 것임을 그때서야 고백할 수 있었다. 그때 그는 '죽을 때까지 하나님께 쓰임 받는 여종이 되겠다'고 간절히 기도했다. 마취에서 깨어난 후 박 권사는 새롭게 태어났다.

'거저 받았으니 거저 주어라'라는 말씀을 따라 바쁜 근무 중에도 교회와 힘든 지체를 돕고 있다. 병든 사람을 위해 중보하고, 사별의 아픔을 겪은 이들을 위해 일 주일에 한 번 장을 봐주거나 그들의 필요를 채워준다.

교회에서는 성가대장으로 유학생 성가대원들의 어머니 권사로 통한다. 그는 호흡이 멈추는 그날까지 하나님을 찬양하는 사람으로 남고 싶어한다.

전도서를 읽다 보면 솔로몬 시대의 인생이나 지금이나 똑같다는 생각이다. 말씀 그대로 해 아래는 새 것이 없다. 전도서 3장은 인생의 굽이굽이 변화 속에서 무릎을 치게 할 만큼 선명한 깨달음을 발견하게 한다.

"범사에 기한이 있고 천하만사가 다 때가 있나니 날 때가 있고 죽을 때가 있으며 심을 때가 있고 심은 것을 뽑을 때가 있으며 죽일 때가 있고 치료할 때가 있으며 헐 때가 있고 세울 때가 있으며 울 때가 있고 웃을 때가 있으며 슬퍼할 때가 있고 춤출 때가 있으며 돌을 던져 버릴 때가 있고 돌을 거둘 때가 있으며 안을 때가 있고 안는 일을 멀리 할 때가 있으며 찾을 때가 있고 잃을 때가 있으며 지킬 때가 있고 버릴 때가 있으며 찢을 때가 있고 꿰맬 때가 있으며 잠잠할 때가 있고 말할 때가 있으며 사랑할 때가 있고 미워할 때가 있으며 전쟁할 때가 있고 평화 할 때가 있느니라. 일하는 자가 그의 수고로 말미암아 무슨 이익이 있으랴. 하나님이 인생들에게 노고를 주사 애쓰게 하신 것을 내가 보았노라."

전도서 기자는 새옹지마 같은 우리 삶을 적나라하게 표현하고 있다. 인생에 누구든 굴곡 없는 삶은 없다. 다만 다르다면 그리스도인은 그 속에서 온전한 평안을 누리는 것이다.

고난도 슬픔도 기쁨도 하나님의 허락하심 속에 있다는 것을 인식할 때 우리는 요동하지 않는 것이다.

모든 것이 나를 지으신 이의 섭리임을 알게 된다면 말이다.

나는 지금

_파독 간호사, 김종숙 권사 자작시

어떨 때는 그리움으로 몸부림치기도 하면서
지나가버린 시간도 오고 있는 시간도 염두에 두지 않으며
지금 이 순간에만 집중하리라 생각하려 해도
아쉬움에 물결치는 서러움은 그래도 주일,
우리 교회 식구들을 마주하며 달래고 있는
지금의 내 모습

언제부터인가 그렇게 시작을 했다
멀리서 들려오는 어떤 소리가
갑자기 그 먼 날의 학창시절을 기억하게 만들고
코에 스쳐오는 어떤 내음이 엄마, 아버지를 생각나게 하는
그래서 또 한없이 외롭기만 하는 여기
이 시간들 속에서 말이다
교회와 인연이 많았던 어린 시절이었다.
모태신앙을 가지고 있는 사람들이 부러웠던 시간도 많았다.
할머니는 우리집 막둥이를 등에 업고서 예배당에 다니셨다.

그녀의 사촌 시누이가 문준경 선교사라 했다.
하지만 더 큰 우리 형제들은 따라다니지 않았다.

그후 미션스쿨이라는 여고를 다니면서
수업의 한 과목으로 성경을 배우고 읽었어도
노천극장에서 보던 예배시간
수없이 날려 보냈던 하얀 비둘기들
부풀어 있던 소녀의 꿈을 함께 띄우던 그 시간이
마냥 즐거웠을 뿐 의미 없이 읽고 배우던 성경이었다.

언제부터인가 엄마가 먼저 주님을 영접하고
신실하게 믿음생활을 하시면서
처음 독일을 방문하셨을 때 권사 직분을 가지고 계셨다.
교회에 가고 싶어하는 엄마를 모시고
처음 발을 내딛은 곳이 바로 이곳 한인교회
그러다 엄마는 한국으로 돌아가고
내 생활도 다시 예전으로 돌아갔다.

엄마의 간절한 기도는 그저
자식들이 모두 주님 영접할 수만 있다면
세상 자랑은 모두 접으셨다.
독일에 세 번 오셨던 부모님들
그때마다 나는 부모님을 모시고 습관적으로

한인교회에 출입했을 뿐이다.
가끔씩은 그분들과 함께 독일교회를 가기도 했던
그때를 생각하면 너무 죄송스럽다

한인교회 '이슬비 전도'의 편지를 받고
또 엄마 기도에 힘을 얻어 세례를 받고서
일요일이면 가벼운 발걸음을 교회를 향해 옮길 수 있었다.
언제부터인가 수요 성경교실에 나간다 하니 독일남편 왈,
아주 목사한테 시집을 가랜다.
허나 이제는 그 어려웠던 시간도 옛날 이야기처럼
가물가물하기만 하다
한인교회에 적을 두고 믿음생활을 시작한 지 어언 15년
나는 알고 있는 지금까지 내가 걸어온 길들
그분의 이끌어주심이 없었다면
지금 이 자리에 서 있을 수 없으리란 것
아버지 감사합니다.

그러나 이런 확신 속에서도
마음 속 깊은 곳에서 회오리치는 절망과 두려움은
도대체 어디에서 온다는 말인가?
이제는 정겹기만 한 모습들
그 얼굴들 속 낯선 얼굴의 이름을
더 이상 기억할 수 없는 내 안타까운 모습은

혼자서 낙심하기만을 반복하다 깊은 회의 속으로 빠지고
만다.

울 아버지 그렇게 자랑스러워했던 옛날의 종숙의 모습은
이제 완전히 기억 속으로 사라지고 말았다
가끔 불러보는 아니 외쳐보는 아버지
그 사랑은 이제 어디를 향해 외쳐야 하는가

그저 주신 오늘을 감사하며
오늘을 또 내 마지막 날인 듯 살려한다 하면서도
한구석에 움츠리고 있는 이 모진 세속의 마음이
나를 스스로 미워하게 만들고 있다
살아야 할 존재의 이유조차도 희미하게 만들어버리는 이
슬픈 마음은 그래도 정겨운 얼굴들을 대하면서 달랠 수 있
는 듯하다

이유를 알 수 없지만 한 언니가 날 똑똑이라 부른다
처음엔 어색했지만 이제는 듣기에 좋다
그 옛날 아버지 '우리 딸 숙이가.....' 하시던 것처럼 말이다
이제는 희미해진 추억들. 기억들
완전히 기억 속에서 소멸한 숱한 시간들
고의로 지워버렸는지, 아니면 세월과 함께 훌쩍 흘러가 버
렸는지 텅 빈 껍질만 남아 이제는 이렇게 시간과 합의하면

서 살아가고 있다
주님으로부터 들려올 목소리만을 간구하면서 말이다.
숙아, 너 잘했다. 숙이 너 잘 살아가고 있다고.......
나는 정말 내 힘이 다하는 데까지 열심히 살아가고 있는가
허황한 세상 것들을 좇고 있는 건 아닐까.
알면서도 매번 반복하며 살아가는 한없이 불쌍한 이 영혼

이제는 진정 버려야 할 많은 것들
아직도 아쉬움에 버리지 못하고 있는
못난 모습은 어디서부터 온다는 말이냐?
내일을 기약하지도 할 수도 없으면서 말이다

뒤돌아보지 말고 이제는 정말 모든 걸 훌훌 털어버리고
마지막 남은 그 작은 믿음으로 내 남은 생을 엮어보련다
그 서툰, 부끄러운 믿음이라 해도
주님께서 주신 존재의 이유이기에
사랑하는 우리 성도들에게 내 마음을 맡기어 봅니다.
남은 시간이 얼마인지 알 수 없는 우리들이지만
마지막 그 시간까지 동행해 주세요
기억이 더 흐려지기 전에 우리 함께 오늘을 살아봐요
주님 안에서 그렇게 손을 잡고요

독일 평신도 사역에 불을 지피다

_독일 선교의 횃불, 이화순 선교사

"여호와께서 아브람에게 이르시되 너는 너의 본토 친척 아비 집을 떠나 내가 네게 지시할 땅으로 가라 내가 너로 큰 민족을 이루고 네게 복을 주어 네 이름을 창대케 하리니 너는 복의 근원이 될지라. 너를 축복하는 자에게는 내가 복을 내리고 너를 저주하는 자에게는 내가 저주하리니 땅의 모든 족속이 너를 인하여 복을 얻을 것이니라 하신지라."(창 12:1-3)

60년대 파독 근로자는, 전쟁을 마치고 폐허가 된 시대 속에 기댈 수 있는 소망이었다.

그 시대의 청춘은 가능성과 실재를 감지하지 못한 채 불나방처럼 미지의 땅을 향했다. 그리고 불나방의 헌신은 결코 헛되지 않았다. 남겨두고 떠난 곳에 희망이 되었다. 떠나온 곳뿐만 아니라 그들이 도착한 땅에도 소망이 되었다.

작은 선교의 불씨도 당겨졌다. 대상은 기독교 문화가 거대 축을 이루는 독일 땅이었다. 루터의 종교개혁을 달성시킨 나

라였다는 자만심만으로는 거세지는 사탄의 공격을 막을 재
간은 없었다. 독일교회는 타성에 젖어갔고 예배당의 화려한
기둥 사이로 인적은 드물었다. 간절한 영혼의 기도 소리도 교
회 안에 더 이상 들리지 않았다. 그에 반해 막 복음의 불을
지핀 작은 나라의 선교 열정은 담대하고 뜨거웠다.

처음 독일에 평신도 사역의 깃발을 세운 것은 한국대학생
성경읽기선교회(UBF)다. 1969년부터 시작된 독일 개척사는
한국 기독교 역사상 획기적인 사건이었다. 파독 간호사 선교
사들은 촌음을 아껴가며 독일어와 말씀공부 및 선교훈련을
받았다.

이화순 선교사(67세)는 독일 슈투트가르트(Stuttgart)에서
대학캠퍼스 제자양성 역사의 산 증인이다. 그는 파독 간호사
모집에 합격한 후, 친구를 통해 하나님을 만났다. 원래 독일
행은 부모님의 빚을 결혼 전에 갚아드려야 한다는 일념에서
비롯되었다. 하지만 하나님을 알게 된 후 세상을 향한 도전과
자신을 바라보는 시선이 바뀌었다.

하나님은 가난한 마음을 주셨고, 비워진 마음에 성령을 채
워주셨다. 주님을 더 알고 싶어 매 예배에 참여했다. 한 달 후
에 UBF 선교센터에서 '파송 선교사로 훈련받으라'는 권유를
받았다. 독일 가기 전 6개월여의 훈련기간은 영적 서막이 울

리는 순간이었다. 삶의 이유가 '오직 예수'였다.

1974년 7월 1일, 독일 베스트팔렌 병원의 첫 근무.

그는 복음 전파를 위한 훈련된 군사였다. 오자마자 같은 병원에 근무한 열 명의 한인 간호사들에게 자신이 만난 주님을 증거했다. 그중 두 명은 성경공부를 통해 더 깊은 영적교제를 나누게 되었다.

당시 한인 간호사 중 한 명이 자살 시도를 해 이 선교사가 근무한 내과병동에 입원한 적이 있었다. 스무 살도 안 된 동양인 소녀가 생면부지의 독일 땅에서 일하기란 쉽지 않은 일이었다. 육체적으로 고된 일과 언어 스트레스, 게다가 향수병으로 얼룩진 눈물은 어쩌면 그들 모두의 통증이었다.

"간호원장에게 그 자매를 저희 수양회에 데리고 가게 해달라고 부탁했어요. 그 자매와 수양회에 참여했고, 그날 주님께로 인도하는 시간이었어요. 하나님은 자매의 눈물을 닦아주셨지요. 아픔을 어루만지시고, 회개의 시간을 주셨어요."

그후 그는 쉬는 날이면 인근 병원의 한인 간호사들에게 복음을 전했다. 그는 한인 간호사뿐만 아니라 독일 청년들을 향한 비전을 품었다. 4년 후 슈투트가르트로 이주하면서는 대학 캠퍼스 선교에 시선을 돌렸다. 마침 근무하던 병원 건너편에 대학이 있었다. 근무가 없는 날에는 독일 학생들에게 복음을 전했고, 휴가 때는 UBF 본부가 있는 쾰른에서 선교훈련을 받았다.

"훈련을 마친 후 기차를 타고 라인강변을 내려오는데 하나님이 '복의 근원이 될지라'는 말씀과 함께 제 마음에 비전을 주셨어요. 독일 캠퍼스 복음에 꽃이 피는 환상도 보여주셨고요."

스물여덟이 되던 해, 인생의 동역자를 만날 수 있었다. 하나님의 인도하심에 응답한 전적인 순종이었다. 3주의 휴가를 받아 한국을 방문한 후, 주님이 예비한 청주 UBF 형제와 곧바로 결혼했다. 비록 짧은 만남이었지만 독일 캠퍼스 복음화에 비전과 믿음이 충만한 형제라 마음이 닿았다.

대학에서 경영학을 전공한 남편 이이삭 선교사는 독일로 와 컴퓨터 관련 공부를 마친 후 독일 중앙(Zentral) 은행에 취업했다. 직장을 다니면서도 이이삭 선교사는 마가복음 말씀을 토대로 강의안과 문제지를 만들어 독일 학생들과 일대일 성경공부를 했다.

많은 독일 학생들이 결단하고, 충성스런 동역자로 세움 받는 역사가 일어났다. 예배 장소가 비좁아 세 번이나 이사를 가야 했다. 다른 도시 캠퍼스(호헨하임, 뷔르츠부르크, 브라운슈바익)를 개척하고 멀리 체코까지 선교사 가정을 파송할 수 있었다.

결국 남편은 전임 사역을 위해 1년 후에는 직장을 내려놓았다. 이후 생계는 이화순 선교사의 몫이었다. 이 선교사는 남편을 도와 캠퍼스 제자 양육에 온 힘을 쏟았다. 동시에 남편 이이삭 선교사는 신학공부의 필요성을 느끼고, 독일에서 복음적인 학교로 유명한 코른탈 선교신학대학에 입학했다.

부부는 동일한 마음으로 선교에 헌신적으로 매달렸다. 함께 한 동역자들과 거의 매일 성경공부와 새벽기도, 심방 모임 등을 가졌다. 그러다보니 자녀에게 신경쓰지 못해 어린 아이들의 마음에 상처를 안겨주는 경우도 있었다. 한국에 계신 시부모님에게 딸을 보낸 것도 그때였다.

"한창 복음에 불을 지필 때, 첫째 딸이 태어난 지 100일이 되었어요. 한국 시부모님께 보내 4년을 키워주셨는데 아이에게는 상처로 남았었나 봐요. 그때는 보내면서 하나님 손에 드린다 생각했는데 가장 아픈 기억입니다."

당시 UBF는 열정만 앞세운 지혜롭지 못한 사역과 율법적인 교만으로 개혁의 바람이 불었다. 자성의 목소리가 커졌고,

영적 각성운동이 일어났다.

지체들의 눈물의 기도를 통해, 20여 년 전부터는 국제대학선교협의회(Campus Mission International/CMI)라는 새로운 그릇을 만들어냈다. 교회와 선교단체의 정체성을 가지고 복음의 근원을 깊이 묵상했다.

영적 움직임은 2세들을 통해 구체화되었다. 대표적인 예로, YCC(Yes! Christ Camp)는 2세 청소년과 청년을 위한 영성캠프다.

그와 남편 이이삭 목사는 2017년 12월까지 슈투트가르트 CMI 교회와 울름(Ulm)에 있는 한독교회를 동시에 섬겼고, 2018년부터는 슈투트가르트 CMI 교회만 집중적으로 섬기고 있다.

이화순 선교사는 그동안 양로원의 간호사로 근무하다 2018년 4월, 43년간의 간호사 제복을 벗었다.

"또 네가 많은 증인 앞에서 내게 들은 바를 충성된 사람들에게 부탁하라. 그들이 또 다른 사람들을 가르칠 수 있으리라."(딤후 2장 2절)

그는 퇴직 후 한 영혼을 끝까지 책임질 수 있는 제자 양육에 남은 인생을 바칠 생각이다. 처음 부르심의 소명이 무엇인

지 점점 더 깨달아간다는 그. 그동안 길러온 영적 자녀들이
그의 소명의 열매다.

한국에 최초로 복음을 전한 개신교 선교사가 독일사람이라는 것은 많이 알려지지 않은 사실이다.

독일의 루터교 목사인 칼 귀츨라프(Karl Friedrich August Gutzlaff 1803~1851)는 토마스 선교사보다 3년, 의료선교사 알렌보다 52년, 아펜젤러 보다 53년이나 앞서 1832년 조선땅에 왔다.

그는 독일 프러시아 지역에 살고 있었고, 독일 국적이지만 폴란드계 유대인이었다. 1821년 베를린에 있는 야니케 선교학교(die Missioons Schule Janiche)의 왕립 장학생으로 입학해 6개국 언어를 습득하기도 했다. 그는 한글로 주기도문 번역을 시도한 최초의 인물이고, 배고픈 조선인들을 위해 서양감자 재배법을 알린 인물이다.

그는 처음 도착지인 충청도 고대도에서 환자들을 위해 약을 처방하기도 했다. 노인 감기환자를 위해 기록한 일지는 조선에서 서양 선교사가 최초의 서양 의술을 베푼 기록이다.

한반도에 복음의 씨앗을 뿌린 열매는 거대한 홍수처럼 성령의 불길로 타오르기 시작했다. 그가 조선 땅에 온 1832년 이후 130여 년이 흐른 후엔 한국에서 독일로 역선교의 씨앗이 뿌려지기 시작했다.

그중 이화순 선교사도 간호 선교사라는 이름으로 귀츨라프의 나라 독일로 행진을 시작했다. 수많은 선교사들의 피와 눈물의 기도가 심겨진 한반도는 전 세계 선교의 깃발을 올리는 선교대국이 되었다.

이제 복음의 물결이 유럽으로 흘러넘쳐 황폐화된 땅을 적셔주리라 믿는다. 귀츨라프 선교사는 100여 년이 흐른 후에 조선의 후예들이 성경을 들고 독일로 오리라는 것을 상상할 수 없었을 것이다.

굴곡 많은 인생 끝, 참 아버지 만나

_자신을 찾는 인생 여행자, 어리리 성도

오! 주여!

고아 같은 나를 버리지 않으시고

독일 땅으로 불러주셔서

산 소망 갖게 하시고

아버지에 대한 미움과

삶에 대한 분노도 사그라들게 하시니

당신의 사랑에 감사합니다.

사막 한복판에 불시착한 비행사처럼 낯설었다. 사막의 바람도 하늘도 공기도 그를 밀어냈다. 그가 처음 만난 세상은 낯설었다.

어리리 성도(72세)는 태어날 때부터 슬픈 영혼이었다. 그의 출생은 지독한 상실의 시대를 예고했다. 어린 시절을 회상하니 날카로운 상념이 화살이 되어 뼈 속을 후벼댔다.

그의 아버지는 일제 강점기 시절, 가미카제(태평양 전쟁

시기 일본군이 구사한 자폭 전술이다) 징용에 끌려가지 않으려고 자살까지 시도했다. 이후 부모의 권유에 마음에도 없던 어머니와 결혼했다.

"제가 두 살 되던 해인 1950년, 북에서 살다가 가족 모두 남쪽으로 피난 왔어요. 위로 언니가 있고 제가 둘째 딸인데 내가 아들로 태어났다면 어쩌면 아버지가 어머니랑 그대로 살았을지도 몰라요."

그가 네 살이 되었을 때였다. 어느 날 밤, 할머니와 아버지는 자고 있는 어머니를 강제로 집에서 내쫓았다. 어머니는 그야말로 버선발로 집을 나올 수밖에 없었다. 아들 못 낳은 것은 여자 탓이라 했다. 어머니는 피울음을 흘리며 집을 떠났다. 딸들에 대한 눈물과 회한을 남겨둔 채. 딸들을 억지로 떼어냈지만 잊을 수 없었다. 매년 설날이 되면 딸들에게 설빔을 보냈다. 어머니가 남긴 그리움의 흔적이란 걸 나중에서야 알았다.

"할머니는 늘 어머니가 죽었다고 했어요. 그래도 난 항상 어머니가 살아있다고 믿었고 그리웠죠. 학교에서 '어머니'에 대해 글을 썼고, 둥근 달을 보면 자연스럽게 어머니 얼굴을 그리곤 했어요."

아버지의 새 아내는 그의 초등학교 담임선생이었다. 매일 선생님께 아버지의 쪽지를 전달했는데 그게 다름 아닌 연애편지였다. 그는 그것도 모르고 아버지가 멋스럽게 쓴 글씨를 등 너머로 자랑스럽게 쳐다보았다. 새어머니의 출현은 시작부터 가혹했다. 외로움은 눈덩이처럼 커져갔다. 갈수록 학대는 고통스러웠다. 새 어머니가 보기에 전 여자의 잉여물인 그와 언니는 눈엣가시였다.

아들을 낳고는 그 기세는 하늘을 찔렀다. 이복 남동생을 키우는 것은 언제나 어린 어리리의 몫이었다. 추운 겨울에도 꽁꽁 언 개울물에서 동생의 기저귀를 빨았다. 지금도 그의 손은 상처처럼 아프다. 반면 새어머니의 손은 늘 꽃분냄새가 진동했다. 그것은 사랑받는 여자의 상징이었다.

배가 너무 고파 진달래꽃을 한 줌씩 뜯어먹고 눈물로 배를 채웠다. 아카시아 나무를 타고 올라가 꽃을 따먹고는 취해 떨어질 뻔했다. 흘러가는 구름을 보며 그리움에 젖어 눈물만 흘렸던 유년의 기억이다. 토끼 80마리를 위해 먹이 구하는 일은 언니와 그의 일상이었다. 토끼풀을 손으로 뜯다보면 늘 피가 났다. 그나마 육체적으로 힘든 것은 감내할 수 있었다. 그에게 가장 큰 두려움은 무관심이었다.

그는 어린 시절 일기장에 '내가 구덩이에 빠져도 누구 하나 건져줄 사람이 없을 것'이라고 썼다. 그때부터 집을 떠나는 것만이 유일한 구원이라고 생각했다. 늘 어디론가 떠나는 계획과 상상을 했다.

어느 날인가 집 밖을 나서다 어디선가 찬양소리가 들렸다. 성당에서 들려온 소리에 무작정 들어갔고 며칠 후 천주교 영세도 받았다. 고작 여섯 살 때의 일이다.

시간이 흐르면서 그때 알게 된 신부님께 외국으로 가고 싶다는 마음을 종종 비치곤 했다. 탈출구가 필요했다.

급기야 중학교 2학년 때, 아버지와 할머니에게 편지만 남기고 친어머니를 찾아갔다. 이미 언니도 학대에 못 견뎌 어머니를 만난 후였다. 처음으로 세 모녀가 한데 모였다.

그런데 이상했다. 처음에는 탈출에 행복해 했지만 점점 허전해졌다. 그때부터는 아이러니하게도 아버지에 대한 그리움이 덮쳤다. 완벽하게 구비되지 않아서 생긴 불안한 그 무언가였다.

자신의 머리 속에는 늘 가족이라는 변하지 않는 그림이 있었다. 한 번도 경험해보지 못했지만, 아버지와 어머니가 함께 있는 화목한 모습을 꿈꿨다. 하지만 그것은 한낱 욕심과 허상이었다.

"언니의 결혼식 문제로 아버지를 어느 다방에서 만난 적이 있어요. 아버지는 매주 토요일마다 그 다방에 온다고 들었어요. 그래서 제가 3년 동안 토요일마다 아버지를 몰래 보러 갔어요. 하지만 몇 주 후에는 한 번도 아버지를 만나진 못했죠."

나중에 알게 된 것은, 아버지가 둘째 딸이 오는 것을 알고 발길을 끊은 것이었다. 아버지는 딸이 집을 나감과 동시에 혈연까지도 끊었던 것 같다. 아버지가 일부러 피한 것을 알고 분노와 상실감이 밀려왔다. 가지지 못할수록 욕구는 더 커진다고 했는가? 역설적이게도 만나지 못한 아버지에 대한 그리움은 더해갔다.

그는 아버지를 회상하곤 했다. 그것은 아주 즐거운 추억처럼 포장되었다.

"아버지는 센스가 있으셨죠. 아무튼 내가 외국에 나가 살 것을 미리 아셨을까요? 제가 태어날 때 백합이라는 뜻의 리리(lily)라고 지어주셨죠. 참 멋진 이름이죠?"

아버지는 그 시대의 풍류가였다. 경찰서장을 거쳐 미군부대 등 요직에서 일했고, 5가지 악기를 다룰 줄 알았다. 아버지의 노랫소리는 여느 성악가의 목소리 보다 우렁차고 아름다웠다. 아버지의 재능은 그대로 어리리 성도에게 대물림되었다. 노래하는 그의 목소리는 한창 때의 아버지를 닮아 높았고 고왔다.

그는 고등학교 졸업 후, 성당 신부님 주선으로 독일에 간호사로 갈 수 있었다. 독일 바이에른 가톨릭 병원이었다. 1년을 실습하고 3년 동안 간호학교를 다닌 후 정식 간호사가 되었다.

"상처의 땅 한국을 떠났다는 것만으로도 기뻤지만, 사실 독일 삶도 쉽지 않았어요. 독일 간호사들이 모두 천사는 아니었지요. 그들에게 무시당하니까 이를 악물었어요. 저는 분노하면 의욕이 생기나 봐요. 새벽 3시까지 독일어 공부에 매달렸어요."

바이에른 주는 대부분 가톨릭 병원이 많았다. 그래서 부활절과 성탄절은 병원 내에서 언제나 축제가 열렸다. 평소 노래를 잘했던 그는 병원에서 음악회가 열리면 솔리스트로 활약했다. 한복을 입고 요들송을 멋드러지게 부르자 입소문이 났고 독일 텔레비전에서 출연요청을 했다. 그는 아버지처럼 풍채도 좋고 목소리도 당당했다. 독일인들과 키를 견주어도 뒤지지 않았다. 독일사회에서 인정받고 경험이 쌓이자 두려움이 없어졌다.

1988년부터는 의료사업을 시작했다. 직원 9명을 채용해 재가형 돌봄(Ambulante Pflegedienst)서비스를 했다. 말하자면 퇴원한 환자가 스스로 자신의 집에서 간호받도록 그에 따른 간호인력을 파견하는 시스템이다. 24시간 풀가동이었기 때문에 쉴 틈이 없었다. 어릴 때부터 길러져 온 '스스로 살아

남아야 한다'는 강인함으로 버텼다. 늘 주먹을 움켜쥔 채로 살아왔다. 그의 열정은 여기서 그치지 않았다. 어릴 적부터 가졌던, 인정받고 싶은 욕망이 열정을 채찍질했다. 동양인이라고 주눅들 필요도 없었다.

2009년에는 자치구 선거(Kommunalwahl)에 기독민주당 (CDU) 후보로 출마했다. 재독한인 1세대 최초로 독일 정치 무대에 출사표를 던진 것이었다. 이는 독일사회가 아닌 자신에게 건 도전장이기도 했다. 그것은 더 나아가 아버지에 대한 깊은 그리움에서 연유했다. 어디에서든 아버지의 딸 '리리'의 당당한 모습을 보여주고 싶었다.

2013년 정년퇴직 후 아버지의 소재를 찾을 수 있었다. 늘 '아버지'라는 이름 석 자에 목말라했다. 인생의 주파수는 늘 아버지에 꽂혀 있었다. 수소문 끝에 찾아보니 아버지는 미국에 살고 있었다. 곧바로 아버지에게 편지를 보냈다. 하지만 묵묵부답이었다. 심지어 그가 보낸 정성스런 편지도 다시 되돌아왔다. 어린 시절 느꼈던 충격적인 거절감이 폭풍처럼 몰려왔다. 지금까지 종횡무진 달려온 것도 아버지를 당당하게 만나고 싶어서였는데 한없이 눈물이 났다.

그는 쓰러진 마음을 추스르기 위해 스페인 순례자의 길에 나섰다. 4개월 동안 무작정 걸었다. 그가 사는 슈바츠발트에서 스페인까지 총 2,700km의 거리였다. 힘들면 쉬고 그리고

다시 걸었다. 순례길은 그의 지나온 인생길처럼 험했지만 이
겨내야 한다고 이를 악물었다.

"무작정 걸으면서 나 홀로 내가 걸어온 인생에 질문하고
대답을 듣고 싶었어요. 나와 대화하고 싶었죠."

안타깝게도 그는 길을 걷는 동안 피부암 진단을 받기도 했
다. 순례길에서 만난 젊은 의사들이 내린 진단 결과였다. 절
망이 찾아왔지만 끝까지 포기하지 않았다. 2015년엔 황혼의
마지막 시도로 6개월 동안 고국 땅에서 2,400km를 걸었다.
하지만 광활한 지구를 걷고 걸어도 자신의 존재를 찾아내지
못했다. 집에 돌아오면 다시 공허해졌다.

그러던 6년 전 어느 날, 친구의 권유로 한인교회를 가게
되었다. 처음엔 독일에 유학 온 음대 학생들의 아름다운 성가
를 듣기 위해서였다. 평소 음악을 사랑했던 탓에 교회음악도
울림처럼 다가왔다. 한 구절마다 심장을 때렸다. 이때는 곡이
아닌 가사 내용이었다. 자신도 모르게 눈물이 흘러나왔다. 다
리의 힘이 빠지면서 눈물주머니까지 터져버린 것 같았다.
갑자기 누군가가 내려다보고 있다는 착각을 일으켰다. 고
개를 들어 강대상 뒤에 있는 십자가의 예수님을 올려다보았
다. 그분이었다. 저분도 십자가 위에서 힘들게 이겨냈구나,
어리리 성도의 마음이 요동쳤다. 33년의 시간을 홀로 걸었던

주님이 그에게 다가왔다. 그때 갑자기 마음속에 '딸아, 이제 그만 하거라'는 말씀이 들려왔다.

"근데 참 이상해요. 이전에는 십자가를 보면 싫고 모두 거짓말이라고 생각했는데 마음이 뜨거워졌고 요즘엔 주기도문을 외우면 한없이 눈물만 나요."

그는 요즘 매주 성당이 아닌 교회를 간다. 고난주일에 특송을 하고, 성도들을 위해 음식도 준비한다. 그는 남들처럼 기도를 잘하고 싶은 기도제목도 생겼다. 그리고 영혼 깊은 곳에 갈구했던 그 아버지가 혹시 하나님 아버지가 아닐까, 어렴풋이 알아가고 있다.

"70세가 훨씬 넘은 늙은이가 아직도 아버지가 그리워요. 아버지가 지금에라도 내 등을 한 번만이라도 쓰다듬어준다면 상처가 아물 것 같아요. 근데 지금은 달라졌어요. 날 버리지 않고 안아줄 영원한 나의 진짜 아버지가 있잖아요."

이미 그는, 모든 것을 조건 없이 사랑하는 영원하신 창조주 그분이 참 아버지임을 깨닫고 있었다.

그를 위해 두 손을 모은다. 아직 어린아이처럼 아빠, 아버지라 외치며 이제 막 아버지와 첫 사랑을 시작한 그의 순수함이 하늘의 문을 열 것을. 그래서 그 아버지가 한없이 자애

로운 손으로 어루만지실 것을. 그는 얼마 전 교회에서 '사명'
이란 찬양을 불렀다고 메시지를 보내왔다.

주님이 홀로가신 그길 나도 따라가오
모든 물과 피를 흘리신 그 길을 나도 가오
험한 산도 나는 괜찮소 바다 끝이라도 나는 괜찮소
죽어가는 저들을 위해 나를 버리길 바라오
아버지 나를 보내주오 나는 달려가겠소
목숨도 아깝지 않겠소 나를 보내주오

그는 다시 여행길을 떠난다 했다. 황망했던 마음을 추스르
며 이제는 생의 마지막을 걷는 마음으로 겸허히 걸을 거라고
한다. 이제는 다시 외롭지 않을 거라고 했다. 변하지 않은 사
랑을 주실 영원한 아버지의 사랑이 있기에 그렇다고 했다.

어리리 성도를 알게 된 후 난 가끔 그에게 SNS를 통해 안부를 묻곤 한다. 자주 길을 떠나는 그에게 별고 없으신지, 가끔 확인하는 버릇이 생겼다. 그는 어김없이 반가운 대답으로 날 안심시킨다.

답변에 그치지 않고 그는 자신의 집 마당에 가꾼 정원의 꽃 사진까지 덤으로 보내온다. 그가 보내온 꽃들은 유난히 화려하고 눈부시다. 특별한 비법이라도 있는 듯 싱싱하고 화사하다. 정원 주인장의 남다른 노고일 것이다.

어떤 책에서, 혹한이 없는 나라에는 개나리나 백합 같은 꽃이 피어나지 않는다는 내용을 읽은 적이 있다. 저온을 거쳐야만 꽃이 피는 것을 '춘화현상'이라고 하는데 튤립이나 히아신스, 백합, 라일락, 진달래 등이 속한다. 모두 내가 좋아하는 꽃들이다. 꽃들의 삶에서 우리 인생의 과정을 통찰하게 된다. 눈부신 인생은 혹한의 추위를 견뎌내야만 꽃망울이 맺힌다고 자연이 힌트를 주는 것 같다.

보리밟기도 마찬가지다. 보리를 발로 밟아주면 뿌리가 땅 속 깊은 곳까지 파고들어 더 많은 수분을 흡수할 수 있다. 겨울철에 땅 속 수분이 얼면서 땅 위의 표면을 들어올리는 현상을 서릿발 작용이라고 한다. 겨울을 나야 하는 식물들은 죽을 수도 있어 흙을 밟아주어 얼지 않도록 해야 봄에 건강하게 자라게 되는 것이다. 인생의 겨울을 거친 후에야 따스한 봄이 스며드는 것처럼 하나님은 때론 우리를 혹한의 겨울 속으로 밀어넣어 다가오는 봄에 더욱 감사하게 한다.

어리리 성도는 그의 지나온 시간들이 성상처럼 쌓여 현재의 그를 완성시키고 있었다. 그 켜켜이 쌓인 나이테에는 그의 눈물과 고뇌가 숨쉬고 있다. 인생의 보리밟기를 통해 그는 하나님의 사람으로 거듭나는 중이다.

얼마 전 통화에서, 그는 또 어딘가로 떠난다 했다. 그가 가는 곳에 한 번쯤 동행해보고 싶은 충동을 느낀다. 칠십이 넘은 순례의 걸음 속에는 뭔가 다른 것이 있으리라는 기대감 때문이다.

3개국을 향한

사랑의 전도자

_부르심에 순종한 주의 종, **강성구 목사**

삶의 여정마다
가는 걸음마다
주님 부르시면 순종합니다

"저에겐 한국은 육신의, 독일은 정신의, 미국은 영혼의 고향입니다. 처음 예수님을 만난 곳이 고국이고, 선교에 눈 뜬 곳이 독일이며, 그 부르심에 순종한 곳이 미국이지요."

현재 미국에 살고 있는 강성구 목사(76세)는 파독광부 출신이다.

2년 전 독일을 방문한 강 목사의 얼굴은 고향을 찾은 가족처럼 들떠 있었다. 치열한 탄광생활을 지낸 옛 동료들이 함께 모인 자리였다. 당시 파독 근로자는 3년 계약 만료 후 고국으로 돌아가거나, 혹은 독일에 머물거나, 미국이나 캐나다 등 제3국으로 떠났다. 강 목사는 독일에서 미국으로 삶의 터전을 옮긴 경우다.

그는 독일 오기 전 서울 왕십리에서 전파사를 운영했다. 한 번은 미술대학을 다니던 친구가 '파독광부 모집' 신문광고를 오려왔다. 처음으로 그가 유럽에 대해 시선을 돌린 순간이었다. 평소 그 친구는 입버릇처럼 프랑스로 건너가 피카소 그림을 직접 보고 싶다고 했다.

말하자면, 프랑스에 가기 전 독일을 발판으로 삼은 것이다. 청년 강성구는 친구의 간절한 염원에 이끌려 함께 파독광부에 지원했다. 하지만 운명은 오묘하게도 다른 이의 손을 이끌기도 한다. 아쉽게도 프랑스를 갈망했던 그 친구는 신체검사에서 낙방하고 말았다.

1970년 6월, 강 목사는 친구의 아쉬운 눈물을 뒤로 하고 홀로 독일행 비행기에 올랐다.

"사실 탄광 경험도 없는데 난감하더군요. 그날 한인 광부들이 모여 있는데 독일 광산 책임자가 전기기술이 있는 사람은 손을 들라고 하더군요. 제가 손을 들었죠. 그때부터 저는 광산에서 배터리 충전과 전기 고치는 일을 했어요."

3년 계약이 끝난 후, 전기기술 경력을 살려 '그래츠(Graetz)'라는 텔레비전 생산공장에서 6년 동안 일했다. 시간이 흐르면서 미국에 대한 꿈이 생겼다. 당시 전 세계를 풍미했던 아메리칸 드림이었다. 1979년, 당시 파독 간호사였던 아내와 딸을 데리고 미국 시카고로 이주했다.

미국에서 이방인으로서의 출발이었다. 그곳에서 텔레비전 판매사업을 시작했다. 또다시 낯선 땅에서의 시작은 호락호락하지 않았다. 힘이 들수록 어린시절부터 의지해온 주님께 매달렸다.

어느 날, 한국에서 목사로 섬기고 있던 처형이 부흥집회를 위해 미국을 방문했다. 처형은 기도하던 중 하나님께 받은 내용을 그에게 들려주었다.

"그 처형이 하는 말이, 내가 종의 사명을 받았다는 겁니다. 그동안 한 번도 생각한 적이 없었기에 그럴 리가 없다고 이야기했지요. 그러자 처형이 나보고 직접 기도를 해보라는 겁니다."

순종하는 마음으로 3일 금식기도를 마치고 며칠이 지난 후였다. 날씨가 더워 온 가족이 에어컨이 있는 아래 층 가게에 앉아 있었다. 그때 갑자기 멀쩡하던 간판이 '와장창' 떨어져 산산조각이 난 것이다. 그 모습을 보던 옆에 있던 다섯 살 난 딸이 정색을 하며 말했다.

"아빠, 하나님이 화났잖아요. 아빠가 큰 이모 말을 안 들으니까 하나님이 화난 거라니까요!"

문득 충성스러운 당나귀가 발람 선지자를 꾸짖는 성경의 내용이 떠올랐다. 깨닫게 하려고 어린 딸의 입을 빌린 것이라는 생각이 들었다. 순종하려는 마음이 생기자 결단을 한 후 이름도 바꿨다. 강 목사의 원래 이름은 강상구였다.

기도해주시는 목사님의 권유로 갈라디아서 5장 22절 '성령의 아홉 가지 열매'라는 뜻으로 '성구'(聖九)로 이름을 지었다. 그는 이후 지속적으로 기도하던 중 응답을 받고 종의 길을 걷겠다고 결단했다. 주저할 것 없이 신학공부를 위해 곧바로 짐을 꾸려 로스앤젤레스로 이주했다.

미국에 온 지 1년이 넘어선 시간이었다. 그는 웨스트 코스트 크리스찬대학(West Coast Christian College)에서 학사를, 월드 미션대학교(World Mission University)에서 석사과정을 어려운 여건에서 우등으로 마쳤다. 그의 인생이 파독 광부에서 사업가, 그리고 신학대학생으로 전환되는 순간이었다.

어린 시절 그는 불교가정에서 자랐다. 8남매의 장남인 그는 네 명의 동생을 잃으며 일찌감치 삶과 죽음의 덧없음을 알았다. 동생들의 연이은 죽음을 통해 절망을 뼈저리게 경험했다. 그는 가족 중 유일하게 하나님을 알게 되었다. 북한에서 피난 온 여 전도사님을 통해서였다.

열여섯 살이 되던 어느 날, 그는 전봇대에 휴즈가 나가 교체하기 위해 올라갔다가 감전이 되었다. 정신을 잃고 아래로 떨어지다 전봇대의 쇠꼬챙이에 바지가 걸려 겨우 생명을 건질 수 있었다. 며칠 후에는 남동생이 감기에 걸려 폐렴으로 이어지더니 결국 이틀 만에 세상을 떴다. 엄청난 죽음의 충격 앞에서 강 목사는 몸을 가눌 수가 없었다. 마치 마르틴 루터가 벼락 맞은 친구를 보고 체험을 한 것처럼 그 자리에 주저앉았다. 동생은 먼 데로 갔고 자신은 남았다는 사실이 미치도록 버거웠다. 깊은 심연의 기도에 빠져들었다. 하나님은 절망 속의 그를 만나주셨다.

군대에 가서는 군종 하사관으로 근무하며 하나님을 인격적으로 만났다. 하나님은 그를 훈련의 현장으로 계속 이끌었다. 신앙생활을 이어오던 그는 독일에 와서는 더욱 견고해졌다. 탄광이 있던 복흠(Bochum)에 한인교회가 없어 광부들끼리 함께 제단을 쌓았다.

"제가 독일에 온 것은 전적인 하나님의 계획이었음을 느낍니다. 미국도 마찬가지구요. 독일에 남아 있었다면 지금쯤 사업을 해서 경제적으로는 부유했을 겁니다. 하지만 하나님은 복음 전하는 자가 되길 원하셨어요."

그는 신학을 공부할 당시 '만약 목사가 되면 다시 독일에 와서 선교를 하겠다'는 서원을 했다. 그의 바람대로 1992년 LA 동양선교교회의 지원을 받아 다시 독일 선교사로 파송되었다. 인간의 의지가 아닌 전적인 하나님의 인도하심이었다. 원래 그는 파라과이 선교사로 확정되었지만 독일에서 사역하던 분이 일이 생겨 갑자기 미국으로 돌아가는 바람에 그가 대신 독일로 향하게 된 것.

그가 간 곳은 미군 부대가 있는 카이저스라우테른(Kaiserslautern)이라는 도시였다. 얼마 지나지 않아 미군이 독일에서 철수하면서 교세가 축소되었고, 1997년부터는 독일 뷔르츠부르크에서 유학생 목회를 시작했다. '나의 백성을 위로하라'는 말씀을 따라 10년 동안 긍휼의 마음으로 사역을 했고 2007년 은퇴 후 미국으로 다시 돌아왔다.

하지만 강 목사는 자신이 처음 이국땅에 첫 발을 디딘 독일을 한 번도 잊은 적이 없다.

2017년 11월 심근경색으로 수술한 후에도 독일 땅을 향한 기도는 변치 않았다. 그의 독일 방문도 시리아 난민들을 위해 번역된 성경을 배부하고자 하는 마음에서 비롯되었다.

"하나님이 이 땅에서 얼마나 더 머물게 하실지 모르지만, 순례자의 길에서 생명 있는 날까지 나에게 주신 남은 코스를 잘 감당하길 기도할 뿐입니다"

그는 하나님이 생의 갈림길에서 선택을 요구할 때마다 담대하게 순종했다. 믿음은 말이 아닌, 그분에 대해 전적으로 반응하고 행동하는 것. 되돌아보니 하나님은 그를 향해 복음 전파의 큰 지도를 그리셨다.

그는 남은 인생의 시간들도 겸허히 하나님께 내려놓는다. 한국에서 독일로, 그리고 미국에서 다시 독일로. 그는 이끄심에 오늘 이 하루 순종의 길을 걷고 있을 뿐이다.

내가 독일에 가지고 온 물건은 대부분 책이었다. 많은 책들을 정리하고 왔지만 나의 지난 시간이 묻어 있는 책들을 마냥 고향 땅에 내버려둘 수 없었다. 그렇게 해서 비행기를 타고 배를 타고 독일로 왔던 책들은 지금도 10여 년이 넘은 독일 삶 속의 한 부분을 차지하고 있다.

그중 내 책꽂이 속에서 숨을 쉬는 한 권의 책이라고 한다면 1999년에 만든 '그리스도의 편지'다. 당시 다니던 교회 청년부에서 만든 소식지 모음이었다. 500페이지가 넘는 분량으로 당시 나와 동시대를 살았던 교회 청년들의 삶과 신앙 그리고 고뇌가 숨어 있다.

당시 잡지사 기자로 근무하고 있다는 이유로 난 자연스럽게 청년부 편집팀에서 봉사를 하게 되었다. 매주 목요일에 모이는 청년부 편집팀은 내 또래의 청년들이 각자의 시간을 살다가 저녁 무렵 모인 자리였다. 6명으로 이루어진 편집팀 중 직장인은 나를 포함해 두 명이었고, 나머지는 대학원생이거나 대학 졸업반이었다. 그중 기억나는 친구들은 김선화, 김태균, 고태성, 정여진 등이다. 우리의 활동을 사랑해주셨던 당시 조병수(전 합신총장) 담임 목사님과 청년부 손종국 목사님도 격려를 아끼지 않았다.

90년대의 청춘들은 다양한 꿈을 토로했고 그것을 위해 매진했다. 난 언제나 편집모임이 있는 목요일을 기다렸다. 잡지사의 마감이 있는 날에도 난 어떤 수단으로든 일을 마치고 편집팀 모임에 참석하곤 했다. 비단 편집과 관련한 일을 논의하는 것 외에 청년의 시간에 나눌 수 있는 소중한 메시지들이 숨쉬고 있었다.

500페이지가 넘는 분량의 책은 늘 나에게 청년 시절의 꿈과 소망을 상기시켜준다. 그들 중 나를 포함해 몇 명은 한국 땅을 떠나 이방인의 삶을 살고 있기도 하다. 그때 우리는 알 수 없는 미래에 대해 막연히 꿈을 꾸곤 했다.

우리는 그때 어디로 가야하는지 알지 못했다. 그저 시간에 순응하며 하나님의 부르심에 순종해야겠다는 막연함으로 기도할 뿐이었다. 어디로 가든 하나님의 섭리 속에 있다는 것을 인정했다.

문득 삶이 의기소침해질 때면 '그리스도의 편지'를 단숨에 읽어내려간다. 지금은 독일 땅에 있지만 주님이 나의 앞길을 어디로 인도하실지 알 수 없다. 그래서 강성구 목사의 절대 순종이 더욱 와닿는 이유다.

잃어버린 유년의 행복 찾기

_안나같은 삶, 주은자 권사

"하나님이 그 어린 아이의 소리를 들으셨으므로 하나님의 사자가 하늘에서부터 하갈을 불러 이르시되 하갈아 무슨 일이냐 두려워하지 말라 하나님이 저기 있는 아이의 소리를 들으셨나니 일어나 아이를 일으켜 네 손으로 붙들라 그가 큰 민족을 이루게 하리라 하시니라"(창 21: 17-18)

한국전쟁 후 소용돌이 속에서 유일한 평온을 느낄 수 있는 곳은 교회였다. 유년시절, 그는 남부러울 것 없는 신실한 교회집사의 딸이었다.

찬바람이 불기 시작한 11월부터는 성탄절 준비로 늘 예배당에 있었다. 어머니는 조신하게 풍금을 쳤고, 그는 어머니 옆에서 손을 모아 성탄노래를 불렀다.

'고요한 밤 거룩한 밤 어둠에 묻힌 밤'

고등학교 교사였던 아버지는 퇴근 후 간식을 사들고 가족이 있는 교회에 왔다. 성탄 장식을 하고 온 가족이 소복히 쌓인 눈길을 밟으며 추억의 시간을 만들었다. 완벽하게 행복한 가족의 모습이었다. 그 겨울의 성탄절은 한없이 고요하고 평화로웠다. 하지만 행복한 유년은 짧았다. 1956년 7월 13일. 주은자 권사(75세)는 날짜까지 정확히 기억했다.

"그때 내가 초등학생이었고 아버지가 38살 되던 해였어요. 아버지가 중풍으로 갑자기 쓰러지셨는데 7년을 누워계시며 고생하시다 결국 돌아가셨죠. 아! 생각하기도 싫은 악몽처럼 힘든 시간이었죠."

삶의 기쁨은 이내 사라져버리는 햇살처럼 덧없기만 했다. 유년의 행복감은 종적을 감췄다. 집안의 몰락을 눈으로 목도해야만 했다. 생활고로 중학교만 겨우 졸업했다. 이후 복음병원에서 간병인으로 일을 했다. 꼬리를 물고 달려드는 가난 때문에 숨이 막혔다. 당시엔 '사춘기'라는 용어는 생각지도 못할 언어였다. 말할 수 없는 회한이 몰려오면 씹지 않고 꿀꺽꿀꺽 삼켰다. 뼛속까지 핏속까지 슬픔이 스며들었다. 그러자 뭔지 모를 분노가 회오리쳤다.

1966년은 정부에서 파독 간호사 사업이 시작되던 해였다. 서울에 살던 오빠의 권유로 파독 간호사에 지원했다. 그는 1차 간호사가 파견되던 첫 해, 부랴부랴 독일에 왔다.

"한국 떠나기 전에 내가 어떻게 기도했는지 알아요? '하나님! 우리 아버지와 어머니를 고생시킨 것, 나한테는 절대 줄 생각도 하지 마세요!'라고요. 그 정도로 악바리가 되어 있었어요."

그것은 사실 피를 토하는 말이었다. 자신의 청춘에게 바치는 일종의 만가였다.

독일 첼레(Celle)의 종합병원에서 3년을 일하고, 1969년에는 베를린 노이쾰른 병원으로 이직했다. 삶에 대한 애착으로 이를 악물었다. 더 가지면, 더 원하면 잃어버린 행복을 찾을 수 있을 것 같았다. 행복에 대한 강박관념으로 처절했다.

월급 중에 몇 십 마르크만 생활비로 남겨두고 모두 한국으로 송금했다. 월급날엔 혼자 치킨과 콜라를 마시며 축제의 주인공처럼 자신을 위로했다. 더 나은 미래의 행복을 위해서 현재는 얼마든지 희생해도 좋았다. 막내 여동생도 독일로 초청해 학업의 길까지 열어주었다.

독일생활에 안정을 찾아가자 1972년부터 정식 간호학교를 다녔고, 79년에는 병원 매니지먼트 교육을 받았다. 각종 직업교육을 추가로 이수해 83년부터는 수간호사로 근무했다. 가시덤불길을 헤치며 이를 악물었더니 침침해서 더이상 보이지 않을 것 같던 길이 보이기 시작했다.

그는 외국인으로서 차별당하지 않으려고 더 강해졌다. 다

소곳함이나 부드러움에 대한 거부는 삶을 버티는 동력이었다. 독일 동료들에겐 독설가로 소문났다. 하지만 아무리 강해지려 해도 그는 어쩔 수 없이 못 사는 동양나라에서 온 소수자에 불과했다. 병원에서 독일 동료들에게 두 번이나 집단 왕따를 당했다. 하지만 그는 그를 둘러싼 수근거림도 개의치 않았다. 다시 '살아남아야 한다'는 생각이 신념처럼 다가왔다. 이젠 그를 내쫓으려던 동료들이 오히려 병가를 내면서 그와의 접촉을 피했고 고개를 절레절레 흔들 정도였다.

"제가 병원에서 별명이 '하우스 드라켄'(Haus Drachen/집용)이었어요. 용이 불을 뿜으면 얼마나 무섭습니까? 독일 간호사들도 고개를 저었죠. 내가 한국 사람치고는 체격도 크고 목소리도 우렁차서인지 함부로 하지 못했지요. 사실 내면은 약했지만 두려웠기에 더 강해 보이려고 안간힘을 쓴 건데 말이죠. 하하."

그런 그에게도 사랑의 시간은 왔다. 그는 독일남편과의 결혼을 통해 잃어버린 행복 찾기를 시도했다. 희뿌연 과거의 창문 속 추억의 유년으로 들어가고 싶었다. 내면의 그는 아기자기하고 소소한 가정생활을 갈구했다. 그의 내면세계는 행복이 동나버린 유년의 시간 그대로였다. 유년의 흩어진 조각을 결혼으로 다시 모으고 싶었다. 하지만 그에게 다가온 인생의 시간은 관대하지 않았다. 그에게 계속 행복은 '맞지 않는 꿈'

이라고 말하고 있는 듯했다.

어느 날 새벽근무를 가야 하는데 밤새 남편이 집에 들어오지 않았다. 자고 있는 아기를 혼자 놔두고 갈 수 없어 한참을 기다렸다. 남편의 외도였다. 삶은 참 고약했다. 무언가 쫓으려 하면 금세 가벼운 휴지조각처럼 날아가는 법이다. 버림받는 것이란 이런 기분일 거라는 생각을 했다. 설상가상으로 남편은 주 권사의 이름으로 몰래 대출해 78,000마르크의 거액의 빚을 떠안게 했다. 당시 엄청난 돈이었다. 철저하게 믿었던 남편에게서 배신을 당했다. 문제를 해결하는 과정에서 그는 나락으로 떨어지는 기분이었다.

사실 그는 결혼하면 최소 5명의 아이를 낳겠다고 다짐한 적이 있었다. 인생에 사실주의와 낭만주의가 있다면 자신의 내면은 낭만주의였다고 자부했다. 하지만 그에게 주어진 삶은 극도로 사실주의였다. 실제와 이상은 괴리감이 컸다.

주 권사가 아이를 낳자, 남편은 '아이는 네 일'이라며 밖으로만 돌기 시작했다. 지독한 고독감과 박탈감이 밀어닥쳤다. 결국 주 권사는 '내 평생에 아이는 더 이상 낳지 않는 다'라는 생각을 굳히고 난관수술을 감행했다. 그리고 더이상 결혼생활을 지속할 수 없어 1991년, 20년의 결혼생활에 종지부를 찍었다. 20년이란 긴 시간을 버틴 것은 아이에 대한 부모로서의 형식적인 예우 차원일 뿐이었다.

"결혼생활 동안 상처와 고통은 이루 말할 수 없었어요. 이상하게 아버지의 병으로 인해 힘들었던 어린 날이 수면 위로 다시 떠올랐어요. 내 인생에는 소박한 일상조차도 허락되지 않는다는 생각뿐이었어요."

비극적 삶의 주인공이라는 비애감에 몸서리쳤다. 하지만 그의 처절함이 오히려 연민의 옷자락을 이끌었다. 그가 고통의 가장 밑바닥에 있을 때, 이스마엘의 어미인 하갈의 흐느낌이 내면에서 들려왔다. 광야에서 하갈이 어린 아들을 안고 포효하던 울음이었다. 하나님은 버려진 하갈을 보듬으셨다.

그녀의 울음이 잦아들 무렵 조심스레 다가온 분이 있었다. 아무 것도 할 수 없다는 것을 느낄 때 그때서야 하나님은 그의 손을 잡아 이끄셨다. 생각해보니 그동안 그가 고통스러울 때마다 성령님이 탄식하며 기도하셨다는 것을 깨닫게 되었다. 광야에 버려진 하갈처럼 느껴졌지만 하나님은 그를 귀하게 여기셨다. 그동안 자신을 감싸던, 성처럼 견고했던 자아가 무너졌다.

'나는 열심히 살아왔고 나는 온전하고 강하게 살아왔다'는 자부심이 하나님 앞에서는 또다른 우상임을 깨닫게 된 순간이었다. 그때부터 간호사 친구를 따라 한인교회를 다녔다. 오랜 기다림의 끝에는 말로 다할 수 없이 넘치는 성령의 터치가 기다리고 있었다. 십자가 앞에 속량 받은 그는 '은혜'의 새로운 길로 들어섰다. 하나님은 그를 한없이 웃게 만들었다. 그의 목마름을 채워주었던 것은 세상도 자신도 아닌 오직 그분의 다독임이었다.

"그동안 저는 무너졌던 유년의 행복과 신분을 되돌리기 위해 세상적 열심으로 달려왔어요. 하지만 지금은 감사밖에 없어요. 비록 작은 방 한 칸에 홀로 살지만 산 소망이신 주님이 함께 하시니까요."

그는 61살이 되던 해, 간호사직을 내려놓고, 남을 돕는 일에 팔을 걷어붙였다. 한인 이민자들을 위한 호스피스 단체의 임원으로 활동하며 소외된 이웃을 섬겼다. 마지막을 외롭게 마감하는 그와 같은 한인 이방인을 돕기 위해서였다. 몇 년 전까진 친구 어머니를 7년 동안 그분의 집에서 숙식하며 간병을 했다. 주 권사는 성경 속 안나와 같이 자신의 여생이 온전히 그리스도만 기다리며 바라보길 소망한다. 과거를 떠올릴 때마다 문득 쓴 물이 올라온다.

그럼에도 돌이켜 '남편을 만난 것은 제 인생에서 가장 후회되는 일이긴 하지만 그것 또한 하나님이 허락하신 연단'이었음을 고백했다.

그에게 가장 큰 소원은, 하나뿐인 아들이 '하나님이 귀히 쓰시는 사람'이 되는 것. 그래서 그는 지금도 계속되는 광야 가운데서 아들을 안고 기도의 울음을 터트린다.

그가 오랜 시간 찾았던 행복은 멀리 있지 않고 거기 있었다. 행복은 유년의 아스라한 풍경 속에도, 질퍽한 고난 속에도 언제나 그분과 함께였을 때 가능했다. 돌이켜보니 그에게 고통은, 그분의 능력이 전달되는 행복의 통로였다.

나의 어린 시절 성탄절 시즌이 되면 생활의 패턴이 교회를 중심으로 이어졌다. 성탄 축하행사는 일년 중 가장 바쁘면서도 모태신앙의 정체성을 일깨워주는 시간이었다. 나는 믿는 가정에서 태어나 저절로 예수를 알아가는 특권을 가졌지만 그에 따라 율법적이고 구복적인 신앙관도 키워졌다. 믿음으로 사는 가정답게 잘 믿으면 죽음 이후뿐만 아니라 삶에서도 축복의 보증수표쯤으로 생각했던 시절이 있었다. 그리고 기도 또한 축복의 길을 소망하고 늘 긍정의 결과만을 구했다.

그런 염원과 기도에도 지난 삶의 여정은 평탄한 길만 걸어왔던 건 아니다. 굴곡진 삶 속에서 넘어지고 상처 입었다.

언젠가 이재철 목사의 <매듭짓기>라는 책을 읽은 적 있다. 그분은 '많은 크리스찬들이 하나님은 언제나 자신만을 통해 역사하신다는 하나님의 우상을 품고 사는 경우가 있다'고 말했다. 덧붙여서 성경의 인물들을 예로 들었다.

하나님은 다윗을 사랑하셨지만 언제나 다윗만을 통해 역사하신 것은 아니다. 하나님은 다윗의 성전 건축 계획도 거절하셨다.

세례 요한은 어떤가. 스스로 '주님은 흥해야 하고 자신은 쇠하여야 하리라'고 말했고 결국 참수형까지 당했다.

주님께서 3년 동안 동고동락했던 열두 제자들은 참혹한 결말을 보았다. 게다가 이방선교의 나팔을 불었던 이는 엉뚱하게도 주님을 대적했던 바울이었다.

그래서 하나님의 방법은 전혀 다른 곳에 있을 수 있다는 것이다. 그 자녀를 고난 속에 놓아두시기도 하고, 아니면 하나님의 흥함의 도구로 사용하신다.

그래서 주의 자녀들은 어느 상황 속에서도 하나님의 방법대로 사용하시길 기도하며 그릇을 빚은 자의 뜻대로 행하시길 기다릴 뿐이다. 인생의 절반을 넘어서면서 느끼는 것은 단 하나의 명제뿐이다.

"가장 좋은 환경에 처해 있다 해도 주님은 은총을 베푸시며, 가장 어려운 환경에 처해도 주님의 은총이면 충분하다는 것이다."

PRAY

18

어머니처럼 **전도왕이**
되고 싶어요

_재독 동포사회 '피스 메이커', 노미자 권사

"이르되 주 예수를 믿으라 그리하면 너와 네 집이 구원을
받으리라 하고

주의 말씀을 그 사람과 그 집에 있는 모든 사람에게 전하
더라."(행 16: 31-32)

발자크의 소설 〈고리오 영감〉의 글에는 '이제부터 파리와
나와의 대결이야'라는 문장이 나온다. 그는 문장에서 '파리'
를 빼고 '독일'을 집어넣었다. 대결이라고 할 만큼 다가온 삶
에 냉철하게 맞섰다. 세상이 시도하라고 던져준 카드를 놓치
지 않고 잡았다. 그는 세상을 깊이 사랑했다.

1969년, 노미자 권사(77세)는 세 살짜리 딸을 남겨두고
독일행 비행기에 올랐다. 품에 안겨 있던 아기는 곧 엄마를
떠나보내야 한다는 생각조차 하지 못하고 눈만 말똥말똥 뜨
고 있었다. 떠나기 위해서는 남겨둔 것들에 냉정해야 했다.
그의 독일행은 편지 때문이었다. 독일에서 파독 간호사 친

구가 보낸 것이 화근이었다. 유럽에서 보낸 친구의 편지를 보자 갑자기 자신이 머물고 있는 자리가 답답해졌다. 친구의 글은 이상한 나라의 엘리스가 보낸 것처럼 생경하고 신비로웠다. 호기심 많은 그는 여러 날 고민 끝에 독일로 가야겠다는 생각을 굳혔다.

그의 결혼생활은 불행했다기보다 무미건조했다. 남편에게 이혼을 요구했다. 그리고는 부랴부랴 짐을 꾸렸다. 당시 여성의 이혼 요구는 사회통념에 대항한 테러행위나 다름없었다. 하늘같은 친정아버지의 설득도 소용없었다. 그는 해야 할 일에 집중해야 직성이 풀렸다. '그것은 어쩌면 내면 깊숙한 불안이었다'고 후일에 그는 고백했다.

노 권사는 원래 정치를 꿈꾸던 소녀였다. 그의 집안은 대대로 부유했다. '만석꾼 노 면장'이 바로 노 권사의 할아버지였다.

근대사의 물살은 급하게 흘렀다. 열강의 검은 손과 근거리의 일본이 순백의 조선을 내버려두지 않았다. 급한 물살이 흘러내려오면 어쩔 수 없이 쓸려갈 수밖에 없는 시기였다. 일제강점기는 암울했던 역사의 그늘이다. 누구라도 36년이란 긴 세월을 식민지의 압박 속에 살 것이라 예상이나 했겠는가. 청년들의 피가 끓었고 자주 독립에 대한 열망이 곳곳에서 터져나왔다. 1929년 광주 학생운동도 그러한 움직임의 발로다. 그 사건 이후 노 씨 가문이 누려왔던 안정적인 삶은 꿈의 저편으로 사라졌다.

3만 여명이 참여한 집회에서 주동자 73명 중 한 명이 당시 광주고보 학생회장이던 아버지 노병주 선생이었다.

"아버지가 옥고를 치르는 동안 할아버지는 한 번도 따뜻한 아랫목에 자리를 누우신 적이 없었대요. 추운 겨울에도 마루에서 주무시며 아들을 기다렸다고 해요. 그리고 할아버지가 어느 날 갑자기 송충이에 물린 독으로 돌아가시는 바람에……."

만석꾼 집안이 몰락하는 것은 순식간이었다. 갖은 고문 탓에 출옥 후 몸을 가누지 못한 아버지는 1978년 소천할 때까지 그야말로 사람 노릇을 못했다. 당연히 대대로 내려왔던 재산은 바람처럼 사라졌다.

아버지의 평범하지 않은 삶은 노 권사에게도 적잖은 영향을 끼쳤다. 뜨거운 물에 화상당한 기억이 있다면 뜨거운 물만 봐도 기겁하는 법이다. 아들의 비운을 경험한 할머니는 나라 일에 대해선 자손들이 나서지 않길 바랐다. 그런 상황에서 외손녀가 꿈꾸는 정치가의 길은 언감생심이었다.

노 권사는 어릴 때부터 고집이 셌다. 뜻이 있으면 하고야 마는 성격이었다. 그런 그를 본 할머니는 다른 생각을 일체 차단하기 위해 일찌감치 간호학교 입학을 권했다. 게다가 어깨에 화상을 입는 일까지 생기자 남을 치료해주는 간호사가 제격이라고 부추겼다. '여자가 시집만 잘 가면 되지. 무슨 정치냐'는 꾸지람은 늘 반찬처럼 등장했다. 생계도 이유였다. 당시 간호사는 졸업 후 곧바로 취업이 되는 안전한 직장이었다. 결국 할머니의 명에 따라 간호학교를 졸업했지만 그의 내면에 만족이 있을 리 없었다. 그는 잃어버린 꿈을 좇아 이곳저곳 방황을 거듭했다. 병원 간호사가 아닌 면사무소 직원에서 초등학교 교사로, 보건소 결핵관리요원으로 전전하다 결혼까지 했다.

"그런데 딸을 낳고 얼마 안 가 좌골신경통이 생겼어요. 이웃 사람들이 '새댁이 병신될 것'이라고 수군거렸어요. 시골에서 아버지가 아픈 몸으로 올라와서 백방으로 약을 구하러 다녔지요."

그때 끈질기게 그의 곁을 맴도는 이가 있었다. 늘 그를 전도하려던 여 전도사였다. 그날 전도사는 쓰러진 그의 머리에 손을 얹었다. 전도사의 간절한 기도는 뜨거웠다. 그 사이 노 권사의 호흡이 순간 멈추기도 했다.

"그때 내가 어느 강인지 건너려는 꿈을 꾸다 깨어났어요. 그게 저 세상으로 가는 요단강이 아닐런지요."

깨어난 후 기적처럼 그는 건강해졌다. 여 전도사는 기도의 응답이라 반겼지만, 노 권사는 그때까지도 하나님의 존재를 실감하지 못했다. 우연히 살아났다는 생각만 앞섰다.

　이러한 과정을 거친 후 계획했던 이혼을 감행하고 그의 바람대로 독일행을 택했다. 딸은 한국의 친정집에 맡긴 뒤였다. 그런데 막상 독일에 오자 핏덩어리 딸이 자꾸만 눈에 밟혔다. 독일행이 덧없는 기쁨이었다는 것을 안 것도 도착한 후 얼마 지나지 않은 후였다. 하지만 자존심 때문에 고국으로 돌아갈 수는 없었다. 순간순간 독일 삶이 행복하다 자위했고 '잘한 선택'이라고 스스로에게 최면을 걸었다.

　어느 정도 독일생활이 안정된 몇 년 후 딸을 독일로 데려왔다. 그는 더 나은 미래를 위해 병원근무와 함께 야간 김나지움(인문계 고등학교)에 진학했다. 딸을 키우는 것도 소홀하지 않았다. 삶의 고단함을 거센 열정으로 담금질했다.

　몇 년 후 프랑크푸르트 종합병원 이비인후과 수간호사로, 가장 능력 있는 간호사가 되어 있었다. 한국에서는 간호사가 적성이 맞지 않다고 생각했던 것과는 달리 독일에서는 간호사의 삶이 천직처럼 여겨졌다. 당시 독일의학협회에서 추천을 받아 독일 의사들과 함께 사우디아라비아로 날아가 국왕 가족의 수술과 진료를 돕기도 했다. 노래를 좋아해 아는 한국인 간호사들과 음반도 만들었다. 세상을 다 가진 듯 열정은 멈추지 않았다. 그의 리더십은 한인사회에서도 발휘되었다. 1985년 재독 한인간호협회를 발족해 발기 위원장을 맡기도 했다. 세상의 시간은 점점 빨라졌고, 그의 삶은 분주해졌다. 하지만 세상에 주파수를 고정할수록 공허감은 커졌다. 거칠고 울퉁불퉁하고 구멍 뚫린 내면에 스산한 바람이 스며들었다.

그러던 중 한국의 가족들에게는 일대 종교개혁이 일어나고 있었다. 전도를 통해 어머니가 하나님을 알게 된 것이다. 어머니를 통해 형제들이 복음을 듣게 되었다. 당시 어머니는 아버지가 돌아가시자 서울로 이사한 후 교회에 출석하게 되었다. 인생의 우여곡절 끝에는 삶의 내면에 실존적 자아를 경험하게 한다. 그것은 하나님의 방법이었다.

"한 달에 몇 번씩이나 제사를 지내던 유교, 불교 골수 어머니가 하나님을 알게 되더니 조상의 위패를 모두 태우고 전도에만 열을 올렸어요. 제가 한국에 가서 보면, 어머니가 만나는 사람마다 복음을 전하길래 '도대체 왜 이러나?'고 물을 정도였어요."

1995년, 조카 노진수가 군대 제대 후 복학 전에 독일에서 1년 동안 생활할 때였다. 조카의 여행가방 안에는 어머니가 보낸 정성 어린 편지가 들어 있었다.

"미자야! 진수를 데리고 꼭 교회를 가거라. 너는 그동안 사회 일 많이 했으니, 이제는 전도하며 교회 봉사를 해라. 조카는 노래를 잘하니 성가대 봉사를 하고, 너는 꽃꽂이를 잘하니

어머니의 편지는 간결했고 유언처럼 강했다. 조카는 독일에서 술과 담배를 끊고 하나님을 더욱 깊이 알아갔고, 노 권사의 신앙에 큰 영향을 주었다. 하지만 노 권사는 그때까지도 (그의 말에 따르면) '발바닥 신자'에 불과했다.

그가 하나님을 깨달은 것은 1998년 어머니의 임종 때였다. 부랴부랴 비행기를 타고 한국에 도착한 곳은 영안실이었다.

"미소를 머금은 어머니의 얼굴에서 천사가 보였어요. 그때 천국이 확실히 있다고 믿게 되었어요. 이상하게 어머니의 시신 앞에서 제 안에 평안이 찾아왔어요. 하나님을 믿으면 어머니를 다시 볼 수 있을 거라는 소망 같은 것이 생겼지요."

어머니가 남겨둔 성경책 속에는 자녀들을 향한 유서가 들어 있었다.

'온 가족 모두 하나님을 믿고 천국에서 만나자. 처음도 전도요, 마지막도 전도다'

어머니의 강력한 마지막 메시지였다. 노 권사는 독일에 돌아와 새벽기도를 드리다 성령세례를 받은 후 열정적인 제자의 삶을 살고 있다. 어머니의 부탁처럼 매주 꽃꽂이로 봉사하고, 성찬위원으로도 활동한다.

이제 그의 세상 일의 중심은 오직 그리스도다. 노 권사는 2015년부터 교육부 프로젝트인 대구 보건대의 해외 청년대학생 독일취업 자문교수직을 맡기도 했다. 보건대 출신 치위생사 몇 명이 독일에서 일할 수 있도록 발판도 마련해주었다. 그는 학생들이 독일에 오면, 먼저 복음을 전한 후 주일날 교회로 이끈다. 오랜 동안 프랑크푸르트 한국정원을 관리 봉사했고, 재독 한인간호단체에 분쟁이 일어날 때마다 '피스 메이커'를 자처한다.

재독 동포사회의 어머니로 전도쟁이로 분주한 요즘, 그의 인생시계는 자꾸만 거꾸로 간다. 마음의 주파수를 그분께 고정하니, 열정의 뒤켠에서 꿈틀대던 공허가 기쁨으로 채워졌다.

영국 감리교 신학자였던 레슬리 딕슨 웨더헤드(Leslie D. Weatherhead, 1893~1976)는 인간의 수명을 시간의 숫자에 대비해 표현했다. 그는 하루 24시간 중 잠자는 시간 8시간을 뺀 나머지 16시간을 인생에 적용해 나누었다. 아침 7시에 일어나고 밤 11시에 취침하는 것으로 계산했다.

신생아를 아침 7시로 비유하면 20세는 오전 11시 34분, 30세는 오후 1시 51분, 40세는 오후 4시 8분, 50세는 저녁 6시 25분, 60세는 밤 8시 42분, 70세는 밤 11시가 된다는 것이다. 잠자리에 드는 시간은 영원한 안식을 의미한다.

요즈음은 100세 시대라는 말이 있기에 시간의 대비는 다소 차이가 있을 것이다. 하지만 이러한 계산은 일반적으로 숫자에서 본 인생의 모습이다. 우리 중 누군가는 아침에, 누군가는 오후에, 또 누군가는 아주 깊은 밤에 인생의 초침이 멈출 것이다.

시간이 계속 흐른다는 것을 인지하지 못하는 이는 어느 사이 인생의 저녁이 도래할 것을 알지 못한다.

매일 매 순간을 충만한 삶으로 이끌었을 때 시계가 멈출 때에 후회가 없을 것 같다. 영원한 안식의 순간에 두려움 없이 자리에 누우려면 순간순간 가치 있는 인생을 살아야하지 않을까?

우리는 모두 어두운 밤을 향해 달리고 있다. 지금 당신의 시계는 몇 시입니까?

"영적 아버지를 향한 시를 쓰고 싶어요"

_시인이 된 파독 간호사, 최수자 성도

나 어느 날 꿈속을 헤매며 어느 바닷가 거닐 때
그 갈릴리 오신 이 따르는 많은 무리를 보았네
나 그때에 확실히 맹인이 눈을 뜨는 것 보았네
그 갈릴리 오신 이 능력이 나를 놀라게 하였네
내가 영원히 사모할 주님 참 사랑과 은혜 넘쳐
나 뵈옵고 그 후로부터 내 구주를 섬겼네

독일 저널리스트 마티나 로젠베르그(Martina Rosenberg, 1963~)가 쓴 『엄마, 도대체 언제 죽을 건가요?(Mutter, wann stirbst du endlich?)』라는 책이 있다. 저자는 중풍 걸린 아버지와 치매를 앓은 어머니를 돌보며 우울하게 보내버린 시간을 담담하게 저술했다. 언뜻 자극적인 제목으로 마음이 불편하지만, 읽다보면 글쓴이의 고통이 덮쳐온다. 혈육이기에 조건 없이 사랑해야 한다는 의식과 그러한 의식을 방해하는 현실적 고뇌가 있다. 하지만 (타향살이인) 우리로서는, 부모의 마지막을 동행해드린 자식의 자랑 섞인 투정처럼 들린다. 부모의 존재를 그리워하는 이는 오히려 그것을 못내 갈망하기 때문이다. 거리적 한계로 효도하고 싶어도 하지 못하는 타향인인 것을.

"이제야 색 낡은 종이장에 나열되는 사연은
언어를 잊어먹은 문자 이전의 심온이외다"

— 독일 헤르네에서

파독 간호사 최수자 성도(75세)는 독일에서의 반세기 동안 줄곧 아버지를 향한 시를 쓰고 있다. 그것은 짙은 그리움의 흔적이다. 그는 그리움을 기억하기 위해 필사적으로 글에 남긴다. 인생의 여행길에서 우리는 항상 누군가와 이별연습을 한다. 생의 마지막 영원한 이별을 위한 연습이다. 1967년 독일로 향할 때 고향의 기차역 앞에서 손을 흔든 것이 아버지의 마지막 모습이다. 아버지에 대한 그리움이 이국땅에서 견딜 수 있는 유일한 동력이었다. 벚꽃 향기 나는 곳에서 눈을 감으면 꽃잎 대신 아버지의 얼굴이 어김없이 출현했다. 눈을 뜨면 만발한 벚꽃 사이로 아버지의 웃음이 흩날렸다.

"아버지가 가끔 독일로 편지를 보내왔어요. 그런데 언젠가 편지에 아버지가 수도승이 되려 한다고 하더군요. 그게 마지막 편지였고 이후 연락이 끊어졌어요. 나중에 아버지의 행방을 알기 위해 신문에 광고를 내고 흥신소를 통해 수소문했지만 지금껏 아버지를 찾을 수가 없었어요."

그에게 아버지는 유일한 혈육이었다. 어머니는 그가 다섯 살이 되던 해 세상을 등졌다. 어렴풋한 기억으로 목사님이 장례식을 집도했다. 외증조할머니가 독실한 기독교인이었고, 어머니도 신앙인이었다. 어머니 손을 잡고 교회를 다녔지만 어머니가 세상을 떠난 후에는 교회를 잊었다. 아버지는 그가 열한 살이 되던 해 재혼을 했고, 딸이 독일로 떠난 후엔 홀연히 집을 떠났다. 이후론 아버지의 행방은 알 수 없었다.

최수자 성도는 부산 간호학교(현 부산대 간호학과) 졸업생인 친구 네 명과 함께 파독 간호사에 지원했다. 60년대는 전쟁후 미국 자유주의 물결이 넘실거릴 때였다. 그들 모두 강요된 결혼에 반기를 든 생기발랄한 청춘이었다. 격동기의 청년은 호기스런 계획을 세우고 화들짝 놀래다가도 막상 인생에 맞닥뜨려질 때 또다른 항해를 과감하게 결심하곤 했다. 하지만 친구들 중 최 성도만 유일하게 파독 간호사로 독일로 떠났다. 세 명의 친구들은 제각각 떠나지 못한 이유들을 안은 채 있는 자리에 주저앉았다. 독일행을 결정하자 새어머니의 반발이 심했다.

"새어머니는 '가난하고 못 사는 애들이 독일에 간다는데 네가 독일 가면 계모라서 내쫓은 거라고 할 거 아니냐'고 하면서, 그럴 거면 얼른 시집이나 가라고 하더군요. 옆에서 듣던 아버지가 3년만 경험하고 돌아오게 하자고 새어머니를 설득했어요."

그가 처음 도착한 도시 복흠(Bochum)에는 주로 천주교 재단이 세운 병원이 많았다. 그는 병원 입사서류 종교란에 '기독교'라고 적었다. 어릴 때 흔적처럼 다가왔던 십자가가 문득 기억났기 때문이다. 매달 월급에서 종교세를 자동 납부하자, 독일교회에서 행사가 있으면 초대를 했다. 스스로 기독교인은 아니라고 생각했지만 자연스럽게 행사에 참여하고 일상으로 돌아갔다.

이국의 삶은 외롭고 고달팠다. 계약기간 3년은 아주 더디게 흘러갔다. 독일 병원에서는 청소와 환자들 씻기는 일까지 해야 했다. 언어와 문화, 고된 업무 속에서 지쳐갔다. 그때마다 가끔씩 발을 디딘 독일교회에서 'Vater unser Gott'(우리 하나님 아버지)를 소리 죽여 부를 때면 희미한 평안이 느껴졌다. 한국의 아버지가 그리워서일 거라고 속으로 생각했다. 아버지가 보고프면 시를 썼다. 노벨문학상을 꿈꿨던 풋내기 소녀시절이 추억처럼 떠올랐다. 그런 마음을 담아 교포신문 등에 글을 기고하기도 했다.

'오늘은 여기 계절조차 등 뒤로 돌아앉은 곳에서
못다 채운 악장에 가슴 찢기며

그리움에 멍울진 노래로 산다.'

- 독일 헤르네에서

3년 후 아버지에게 돌아간다는 약속은 지키지 못했다. 그
것은 아버지의 시간과의 단절을 의미했다. 시간은 상대적이
어서 기다리는 사람에게는 고되고 긴 법이다. 딸을 그리워한
아버지는 이별의 편지를 남기고 어디론가 떠났다. 그러는 사
이 최 성도는 흘러가는 시간 속에서 조금씩 독일이라는 사회
에 적응하기 시작했다.

1970년 파독광부였던 남편과 결혼했다. 결혼을 하고 아이
들이 자라면서 독일 삶으로 인생의 저울이 한없이 기울어졌
다. 남편 홍철표 성도는 한국에서 자유당 시절 대학생으로 시
위 중에 감옥으로 끌려갔다 풀려난 후 우여곡절 끝에 독일로
왔다. 남편은 기독교 집안에서 태어나 신앙생활을 줄곧 해왔
던 사람이다. 남편의 외숙모는 한국에서 초창기 흔치 않은 여
성 선교사였다. 결혼식에는 독일 목사님이 주례를 섰다.

"저는 결혼할 때 비로소 세례를 받았어요. 결혼식에는 한
인교회 합창단이 와서 찬양까지 해줬지요. 하지만 그 이후로
는 부부 모두 교회에 잘 나가지 못했어요. 그저 바르고 성실
하고 행복한 가정이 최고인 줄 알았죠."

부부는 실과 바늘처럼 늘 함께 했고, 그림자처럼 친근했다. 남편은 소중한 아내를 위해 김치를 담궜고 아내는 그런 남편이 사랑스러웠다. 시간은 고요히 흐르고 평안했다.

하지만 먹구름이 다가온 건 순식간이었다. 어느 날 남편에게 심장마비와 뇌졸중이 찾아왔다. 엎친 데 덮친 격으로 최성도의 척추뼈가 부러지기도 했다. 부부는 병실 침대에 누워 인생의 덧없음을 되뇌었다. 마음속에는 '나름대로 착실하게 살아왔는데 왜 이런 일이 생기지?'라는 원망이 많았다.

삶의 고통이 덮치니 무작정 하나님을 찾았다. 삶 속에서는 마음 놓고 기댈 수 있는 것은 없었다.

하나님은 가끔 삶의 자극을 통해 당신의 나무 아래로 초대하신다. 시간은 아주 멀리 돌고돌아 어릴 적 어머니의 손을 잡고 만난 '아버지 하나님' 그분을 만나게 했다. 그때서야 지역공동체의 일환으로 갔던 교회를 하나님을 만나기 위해 찾아갔다. 마음 한켠에 손님처럼 어색했던 '아버지 하나님'이 온 마음의 주인으로 다가온 건 그때였다.

"그때 제일 부러운 사람이 온전히 하나님만 의지하는 이들이었어요. 주변에 보니 그런 사람들은 고난이 와도 불평하거나 낙심하지 않더군요. 이 세상에서 가장 행복한 이는 마음에 하나님이 있는 사람입니다. 황혼의 문턱에 이르러 마침내 참 행복을 알게 되었네요."

'이제는 영적 아버지를 위한 시를 쓰고 싶다'는 최수자 성도.

덧붙여 매일의 기도제목이 '저녁에 자러 갔다가 다음날 아침 하나님 품에 가는 것'이다. 사람이 죽고 사는 것은 하나님께 달려있다는 생각을 늘 한다.

그를 보며, '처음 된 자가 나중 되고 나중 된 자가 처음 된다'는 말씀이 떠올랐다. 그는 요즘 영혼의 방에 불을 환하게 밝히고 있다. 그는 시를 통해 영원하신 그분을 노래하길 소망한다.

그의 흔적이 남겨진 시를 들쳐본다. 조신한 숙녀처럼 정갈한 어조로 감정을 드러낸다.

'아버지!

어느 날
이렇게 오래도록 머무를 줄 몰랐었기에
깍듯한 인사 없이 떠나왔나 봅니다.
그냥, 어디 잠깐 다녀오듯 신이 나서 뻐겨댔지요.
어느 날
안타까이 못 뵈옵게 될 줄을 몰랐었기에
꿈이 있다고 우쭐대며 떠나왔나 봅니다.
일러주신 귀한 말씀 귀에 울려와 낡디낡은 수첩을 뒤적대지요.'

통곡과 고통의 삶의
뒤안길

_주먹이 아닌 말씀으로 사는, 홍익성 장로

나의 갈 길 다가도록 예수인도 하시니
내 주안에 있는 긍휼 어찌 의심하리요
믿음으로 사는 자는 하늘 위로 받겠네
무슨 일을 만나든지 만사형통 하리라
무슨 일을 만나든지 만사형통 하리라

젊음이 무기였던 시간은 찰나였다. 청춘은 순간의 필름처럼 아스라이 지나갔다. 젊음의 시간엔 청춘을 인식하지 못하고 산다. 지나고 나서야 청춘의 특권을 새삼 알아차린다. 봄을 빼앗겼다 생각하는 그 순간도 봄은 어김없이 존재했던 것처럼 청춘도 그렇다. 이제 그는 고통의 과거를 추억으로 되새길 수 있을 만큼 노년의 호젓함에 서 있다. 홍익성 장로(76세)는 시간의 기억을 봇물처럼 토해냈다.

초등학교 4학년 때 아버지가 돌아가시자 집이 풍비박산이 났다. 먹을 것이 없었다. 집이 묵호항과 가까워 생선을 훔쳤고, 양조장에서 술을 담그고 남은 찌꺼기를 훔친 게 시작이었다. 솜씨가 좋아 쇠톱으로 칼을 기가 막히게 잘 만들었다. 그 칼은 요리용이 아니었다. 몸이 날렵해 조폭들의 막내로 심부름을 잘하니 밥은 잘 먹여주었다. 그 세계 속에서 불법이 진실이었다.

그렇게 해서 얻게 된 범죄의 훈장은 호기어린 청춘에게는 커다란 자존심이었다. 범죄 전과자의 꼬리표는 그 세계에서는 범접할 수 없는 위엄처럼 느껴졌다. 과거 이야기를 하던 홍 장로는 다시금 긴 호흡을 내뱉었다.

"내가 말입니다. 예수님을 안 믿었으면 술로 죽었거나 칼에 찔려 죽었을 겁니다. 참말로 이게 하나님의 은혜입니다. 나 같은 사람을 구원해주신 하나님을 생각하면 지금도 울음이 터져 나와요."

청춘의 시기에 그의 유일한 자랑은, 죽음의 위기도 비켜갔던 탄탄한 육신이었다. 1965년 베트남 전쟁 당시 특수부대에서 1년 11개월간 복무했다. 전선을 넘나들며 몇 번의 죽을 고비를 넘겼다. 동료 병사의 시신에서 죽음의 냄새를 맡은 벌레들을 헤치고 그는 다시 전장으로 나갔다. 전투 중 복부에 파편 두 개를 맞았다. 그에게 파편의 상흔은 전쟁의 아름다운 자화상이었다. 지렁이처럼 흉악하게 각인된 흉터는 참모총장상, 대통령 화랑무공훈장이라는 포상을 안겨주었다. 당시 서

슬 퍼런 박정희 대통령과 악수까지 했다. 복무를 마친 후엔 베트남전의 공로가 인정되어 해양경찰관에 취직할 수 있었다.

하지만 그는 사고보고서 등 문서 작성에 자신이 없었다. 어릴 때부터 힘으로만 살아왔던 그에게 규율이 강조된 공무원은 맞지 않는 옷이었다. 결국 안정된 공무원의 길을 포기하고, 그 길로 대한석탄공사 도계 광업소의 소장을 찾아갔다.

"베트남에서 전쟁 중에 사람 죽인 사진들을 들고 갔더니, 소장이 허허 웃으며 '이렇게 공이 있는 사람은 받아줘야지' 하더군요. 제가 이래봬도 맡은 일에 물불 안 가리고 열심히 하는 성격이죠. 3년 동안 석탄 광업소에서 결근이나 병가 한 번 내본 적이 없어요."

파독광부 소식을 들은 건 그때였다. 당시 독일 갔다 오면 부자 된다는 말이 파다했다. 자신도 모르게 무릎을 탁 쳤다. 파독 광부 모집이 끝나가는 시점이었지만 부랴부랴 서류를 제출했다. 하지만 걸림돌이 있었다. 범죄 전과자는 국외 출국이 불가능했다. 그래도 출구는 있었다. 국가공무원 3급 이상의 신원 보증만 있으면 가능했다.

당시는 권력자의 말 한 마디면 불가능이 없던 시대였다. 사회 곳곳에 권력적 부패가 난무했다. 그는 보건복지부 장관을 역임했던 이의 도움으로 호적을 새로 만들었다. 몸 안에

통곡과 고통의 삶의 뒤안길 207

있는 파편 두 개 때문에 신체검사에서 불합격될 수 있어 국립의료원에서 성형수술까지 했다. 세상은 그를 위해 존재하는 것 같았다.

하지만 막상 독일에 오니 금광을 캐내는 파라다이스가 아니었다. 얼른 돈만 벌어 다시 돌아올 생각이었지만 일도 생각보다 쉽지 않았다. 게다가 군대도 아닌데 파독광부들끼리도 서열이 있었다. 학연, 지연, 혈연과 파독 날짜 등으로도 그들끼리 순서를 매기고 있었다.

한인 광부들은 혈기 왕성한 젊은 청춘들이었다. 제각각 다양한 인생의 사연을 짊어지고 독일에 온 터였다. 굳은 마음으로 고향을 등지고 온 이들이라 할지라도 생면부지의 이국 생활은 텁텁했다. 지하 1000미터 탄광 속은 그야말로 외부와 단절된 지하세계였다. 그 속에서 죽어나가도 밑바닥 노동자의 초라한 주검일 뿐이었다. 탄광에서 올라오면 시름을 잊으려 도박을 했다. 힘겨루기 폭력도 빈번했다. 말보다 주먹이 무기인 시대를 살았던 이들이었다.

곳곳에서 크고 작은 폭행도 잇따랐다. 하지만 그는 고향 땅 조직생활(?)에서 쌓아 올린 다부진 체력 덕분에 그 누구에게도 뒤떨어지지 않았다. 운동을 잘해 지역 한인회 체육부장을 하면서 자신의 입지를 굳혀 나갔다. 어느 날, 주먹 하나만 믿고 있던 그에게 슬며시 손을 내민 이가 있었다. 파독광부로 왔지만 직업을 바꿔 당시 전기회사에서 엔지니어로 탄

탄대로를 걷던 최성목 씨(현 러시아 선교사)였다.

"우리들 사이에선 제법 잘 나가던 그분이 선뜻 저를 집에
초대한다고 해서 얼른 갔지요. 근데 밥을 잘 먹고 있었는데 갑
자기 저 보고 교회를 나가자는 겁니다. 전 또 밥을 먹여준 의
리가 있어서 '그럼요. 가겠습니다.'라고 곧바로 답을 했지요."

어린 시절 고향인 강원도 동해에서 누나를 따라 한 번 교
회를 간 것이 전부였다. 의리 때문에 교회를 간다고 약속했지
만 그에겐 낯선 곳이었다. 하지만 하나님은 이미 그를 위한
준비를 마친 상태였던 것 같다. 최 선교사를 따라 간 첫 예배
중에 폭포수 같은 하나님의 임재를 경험했다. 아무렇지 않게
생각하며 숱하게 저질렀던 십대 시절의 죄가 하나하나 떠올
랐다. 문득 누나가 자주 불렀던 찬송가도 기억이 났다.

나의 갈 길 다가도록 예수인도 하시니
내 주안에 있는 긍휼 어찌 의심하리요
믿음으로 사는 자는 하늘 위로 받겠네

그는 세례식 날 더 깊이 하나님을 만났다. 자신도 모르게
어린아이처럼 엉엉 울었다. 그의 벌어진 어깨가 들썩거릴 정
도였다.

"세례를 받으면 이제 하나님 나라 호적에 기입된다는 거예요. 사실 처음엔 만화책에서나 들어볼 만한 미친 소리라고 생각했어요. 하나님도 권력자처럼 말 한 마디면 다 되는 능력자인가 싶더라구요."

건장한 육체가 보증수표였던 그가 십자가에 달린 초라한 예수 앞에 철저히 무너졌다. 부모님 돌아가실 때도 울지 않던 그였다. 누가 볼까봐 창피해서 눈을 감았지만 하염없이 흐르는 눈물을 주체할 수 없었다. 그때부터 그는 복음 전도자로 거듭났다. 무엇보다 술과 담배를 끊었고, 성경을 읽다가 걸핏하면 울곤 했다. 파독 광부들이 술을 마시고 도박을 하는 기숙사로 찾아가 간증하며 자신이 만난 하나님을 전했다. 한때 함께 도박하던 동료들은 너무 놀라서 입을 다물지 못할 정도였다.

"하루는 잠언과 시편을 읽는데, 어린 시절 아버지가 향교에 가서 시조 읽던 생각이 나더군요. 비슷한 이야기가 성경에 있는데 그때랑 차원이 달라요. 이게 진리요 생명이라는 생각이 들더군요."

이후 한국 방문 길에 박길성 목사의 추천으로 여의도 순복음교회 조용기 목사와 최자실 목사를 만나게 되었다. 기독교 잡지 〈신앙계〉에서 인터뷰를 하기도 했다. 하나님은 과거의 그를 십자가의 보혈로 씻기고 새 생명을 얻게 하셨다. 그는 '배우지 못한 한 마리 야생동물 같은 자신도 하나님이 도구로 사용하시구나' 생각하며 감격해 했다.

1979년 프랑크푸르트에 순복음교회가 창립되었다. 그는 당시 교파를 초월해 '프랑크푸르트 홍 집사'로 통했다. 세상일도 최선을 다했다. 미국인 교회에서 청소 일을 도맡아했고, 자신이 일하는 우유제조업체에서도 불평 한 마디 하지 않았다. 이후 독일에 주둔한 미군들을 상대로 만두를 팔고 식당업도 했다. 세 번의 억울한 소송에 따른 재판과 잇따른 재정 악화에도 하나님을 신뢰했다. 순간순간 사람을 증오하는 마음이 일었지만 그때마다 성령님은 말씀에 의지하도록 보듬어 주셨다.

"그때 하나님께서 '나를 사랑한다는 사람이 내가 창조한 그 사람을 미워하면 그것은 나 하나님을 대적하는 일이다'라고 말씀으로 들려주셨어요. 그래서 절 고소했던 사람을 초대해 식사를 대접했어요. 그리고 저희가 재판에 이겼을 때는 용서를 했습니다."

되돌아보면 광야 같은 삶이었다. 그는 일확천금을 벌어 고국으로 돌아갈 꿈을 가졌지만 독일 땅에서 그 어느 것과도 비교할 수 없는 영생의 보화를 캐냈다. 그를 독일 땅으로 부른 하나님의 뜻을 알아가고 그 은혜 속에 감사를 배운다.

홍 장로가 살아온 인생은 심히 고단했고 영혼은 매우 갈했지만 하나님을 만난 이후 영혼의 샘물에서는 영생수가 흘러넘친다. 그의 안에 있는 주님의 긍휼은 하늘로부터 비롯되었고, 지금도 노년의 삶을 어루만진다.

미국의 감옥선교회 찰스 W. 척 콜슨 대표는 복음주의 교계에서 영향력 있는 지도자 중 한 명이다.

그는 한때 리차드 닉슨 대통령의 특별 보좌관으로 '손도끼 남'이란 별명이 붙을 정도로 악명 높은 시절이 있었다. 워터게이트 사건으로 감옥에 수감된 후 누군가에게 전해 받은 C. S. 루이스의 <단순 기독교>라는 책을 통해 복음을 알게 되었다. 이후 감옥선교회를 세우고 감옥수들의 신앙과 변화된 삶에 주목했다. 그는 죄악의 깊은 우물 속에서 빠져나와 복음의 전달자로 거듭났다.

홍익성 장로의 삶 또한 깊은 수렁에서 빠져나와 하나님의 은총을 경험했다. 새 삶을 산 하나님의 자녀는 그 어느 누구보다도 힘 있는 은혜의 길을 걷는 것을 보곤 한다. 스스로가 깊은 죄인임을 통감하기에 속죄 받은 죄로 인해 하나님의 은혜에 더 감동한다. 하나님을 경험한 이들은 은혜에 너무 감격해 열정적인 주님의 도구로 쓰임받는다. 하나님의 역사는 그런 자들을 통해 써 내려가고 열방을 주님께로 이끄는 통로가 된다.

PRAY

21

남편의 **천국 배웅**하며 **산 소망 체험**

_가족 복음화의 '믿음의 큰 딸', 이상애 권사

하늘 가는 밝은 길이 내 앞에 있으니
슬픈 일을 많이 보고 늘 고생하여도
하늘 영광 밝음이 어둔 그늘 헤치니
예수 공로 의지하여 항상 빛을 보도다
내가 걱정하는 일이 세상에 많은 중
속에 근심밖에 걱정 늘 시험하여도
예수 보배로운 피 모든 것을 이기니
예수 공로 의지하여 항상 이기리로다

　죽음의 문턱에 있는 순간은 영원한 본향을 가는 길에 선
잠깐의 멈춤이다. 왔던 곳으로 돌아가는 길이지만 익숙한 육
신과의 이별이 아쉬워 롯의 아내처럼 삶 쪽으로 고개를 돌린
다. 때론 거친 파도처럼, 때론 단단한 벽을 마주하는 것처럼
마지막 순간에 절망한다.
　하지만 영원한 본향을 향한 소망의 옷으로 갈아입자, 잠시
의 이별은 숨 고르기에 지나지 않는다. 잠깐의 이별 후에 영

원한 생명과 만남으로 이어지기 때문이다.

게다가 마지막까지 배웅하며 손을 흔들고 따뜻이 보듬어 주는 이가 있다면 본향 가는 길이 좀더 편안해진다. 이상애 권사(76세)는 11년 전 남편 송 집사의 천국 환송을 떠올렸다.

"그날 아침, 남편을 머리에서부터 발끝까지 목욕시키고 마사지를 했는데, 남편 하는 말이 '레이건 대통령도 치매로 아내를 못 알아봤는데 나는 이렇게 마누라를 알아보고 간호 받으면서 하늘나라 가니 정말 행복하다'면서 편안히 눈을 감았어요."

바다가 보이는 아름다운 도시 뤼벡(Lübeck). 독일 북부 슐레스비히홀슈타인 주에 있는, 발트해에 면한 항구 도시이다. 중세에는 한자 동맹의 중심지이기도 했다.

아름다운 뤼벡에 사는 이상애 권사는 매일 아침 남편의 무덤을 찾는다. 적막이 흐르는 곳에서 꽃에 물을 주며 깊은 평안 가운데 하나님과 만난다. 이 권사는 하루하루를 '하나님의 선물'이라고 생각한다. 마지막 선물을 받는 날, 기쁨으로 삶의 자리를 훌훌 털고 가야 한다는 것. 그는 가야 할 본향으로의 여행을 날마다 소망하며 기다린다.

독일에서의 삶이 반세기를 훌쩍 넘겼다. 돌아가고 싶은 그리운 고향 땅은 이제 고국이 아닌 천국이다. 방향키를 천국으로 돌리니 마음이 편안해졌다. 이방인의 삶을 소풍처럼 생각하며 살다 영원한 본향으로 가는 날 기쁘게 웃을 수 있도록 날마다 준비한다. 돌이켜보니 눈물을 삼키며 기도했던 시간들이 주마등처럼 스쳐갔다.

그는 1967년 스물세 살의 나이에 파독 간호사로 독일에 왔다. 병동생활은 척박한 광야 같았다. 낯선 독일어는 물론, 작은 체구에 큰 덩치의 독일환자들은 피하고 싶은 현실이었다. 광야의 낮은 삼킬 듯 이글거리고 밤은 시리도록 아팠다. 두려운 하늘 아래서 눈물의 홀로서기였다. 하지만 광야에서 의연해질 수 있는 힘은 오직 하나님과 함께 일 때였다.

그는 열여섯 살이 되던 해, 위독한 할아버지를 살려낼지 모른다는 생각에 예수님을 믿었다. 급한 마음에 '살려 달라'고 두 손을 모았다. 급할 때 찾았던 이기적인 그를 주님은 피흘린 몸으로 안아주셨다. 그것은 강렬한 은혜였다. 그때부터 하나님은 딸을 당신의 손에 붙드셨다. 가족 중에 처음으로 하나님을 알게 된 그는 좋으신 하나님을 가족들에게 전했다. 불신자인 부모님에게선 싸늘한 시선만 돌아왔다.

"그땐 여자들이 어두울 때 나가면 안 되었지요. 밤에 기도하러 가려고 하면 어머니가 어찌나 야단을 치시고 핍박을 하시던지……"

그는 시간이 흘러 하나님의 사랑을 더 깊이 깨닫자, 어디
든 복음을 전하고 싶었다. 당시 시작된 파독 간호사 모집은
그에게 선교에 대한 또 하나의 불씨였다. 딸의 결혼을 서두르
던 어머니는 독일행을 반대했다. 하지만 이미 결심을 굳힌 때
였다. 이 권사는 독일 가기 전 무엇보다 어머니의 영혼 구원
이 급했다. 어머니를 전도하기란 쉽지 않았다. 그래서 '나로
서는 너무 힘드니 주님께서 꿈속에서라도 어머니를 직접 만
나 달라'고 간청했다.

"어느 날 예수님이 어머니 꿈에 나타나셨대요. 어머니 꿈
에 '너는 그저 잠만 자고 있느냐. 네 딸은 널 위해 기도한다.
지금이라도 깨어나라.'고 하셨대요. 그 꿈이 너무 생생해서
일어나보니 새벽 종소리가 들렸고 자기도 모르게 발걸음이
교회로 옮겨졌대요. 그 주일날에 부흥회가 열렸는데 그때 하
나님을 만나신 거죠."

어머니를 시작으로 형제들까지 온 가족 복음화가 실현
되었다. 하나님은 이 권사를 '믿음의 큰 딸'로 택하셔서 가
족 선교의 발판으로 삼으셨다. 그는 첫 근무지인 도르트문트
(Dortmund)에 오자마자 한인예배가 그리워 여러 도시를 찾
아다녔다. 하나님은 한인교회 창립의 마음을 주셨고, 80년에

는 성도들의 기도가 모아져 도르트문트 한인교회 공동체가
만들어졌다.

초창기 겨자씨 같은 교회에는 어려움이 많았다. 비와 바람
과 된서리를 맞았지만 눈물의 기도는 오십 년의 풍상을 견뎌
갔다. 기도로 자란 디아스포라 공동체는 자신들이 떠나온 곳
과 머무는 자리에서 아픔과 기쁨을 나누는 코이노니아가 되
었다.

그는 1970년에 불신자 남편과 결혼했다.

"사실 예수님 믿겠다고 해서 전도를 위해 결혼했는데, 막
상 예배는커녕 저의 신앙생활을 탄압했어요. 그때부터 저는
'우리 부부가 하나님 앞에 서야 하는데 제 남편을 구원해주
세요. 하나님이 원하시는 방법으로 남편이 하나님을 만나게
해달라'고 기도했어요. 하나님은 암을 통해서 남편을 만나주
셨어요."

1992년 남편은 항암치료 중 하나님을 뜨겁게 만났다. 하
나님은 남편 송세준 집사의 영과 육을 치료하기 시작했다. 남
편은 그동안 이 권사에게 '예수를 극성맞게 믿는다'며 박해했
지만, 막상 자신이 하나님을 알게 되니 아내의 기도에 감사했
다. 부부는 질병을 통해 겸손으로 주님께 나아갔다.

아굴라와 브리스길라처럼 복음 사역의 도우미로 교회 공
동체에 전심을 바쳤다. 그러던 2011년, 남편에게 뇌종양이

발병했다.

"딸이 뤼벡에서 의사로 일했는데, 엄마인 내가 홀로 간호하기 힘들다며 뤼벡에 와서 아빠를 치료하자고 했어요. 곧바로 이사했지요. 제가 간호사였기에 병원장이 남편의 항암치료 전 과정을 저에게 맡겼어요. (독일 시스템에서는 있을 수 없지만) 병원에서 자면서 남편의 대소변을 받고, 씻기고, 혈액 채취까지 다 했어요."

남편은 발병 후 소천하기까지 4개월 동안 오직 감사와 기도뿐이었다. 본향 가는 날, 이 권사에게 '나 같은 죄인 살리신' 찬양을 불러달라고 했다. 남편을 부둥켜안고 4절까지 부르고 이어 '하늘 가는 밝은 길'을 힘차게 찬양하며 남편의 본향 가는 길을 끝까지 배웅했다. 숨을 거둔 후 남편의 표정은 행복에 가득찬 환한 미소였다. 마치 그리운 고향인 천국에 잘 도착했다는 표식 같았다.

"곧바로 아들에게 전화해서 '아버지 가셨다'고 말했더니 아들이 '어제 아버지에게 내일 보자고 했더니, 아버지가 내일은 천국 간다'고 했다더군요."

남편은 하나님이 자신을 부르실 그 때를 정확하게 알고 있었다. 그리고 그분의 부르심을 겸허히 기다리고 있었던 것.

이상애 권사의 기도는, 언젠가 자신의 영혼을 부를 때 주님 품에 기쁘게 안기는 것이다.

육신이 필요한 날까지 복음에 쓰임 받고, 마지막 선물이 주어지는 그날까지 오늘을 감사하며 살아내는 것이다.

내 시어머니의 마지막은 경건했다. 당시 결혼한 지 1년도 채 안된 때였다. 시어머니는 죽음의 고통 속에서도 어리고 철없는 며느리에게 대소변을 맡기면서 어색함과 미안함에 어쩔 줄 몰라 했다. 그런데 정작 며느리인 나는 아무렇지 않았다. 내 남편의 어머니는 곧 나의 어머니이지 않은가. 그저 인생의 하루만이라도 연장할 수 있다면, 하는 안타까운 마음뿐이었다. 어머니는 마지막 병상에서 시편 23편을 읽어달라고 했다. 그것을 읽어드렸을 때 어머니는 가장 평안한 낯빛을 드러냈다.

"내가 사망의 골짜기로 다닐지라도 해를 두려워하지 않을 것은 주께서 나와 함께 하심이라. 주의 지팡이와 막대기가 나를 안위하시나라"

나는 시어머니가 하늘나라에 입성하는 과정을, 그 안에서 겸허히 주님을 만날 준비를 하는 것을 지켜볼 수 있었다. 병원에서 임종 때까지 보름 동안 함께 하면서 시어머니의 지나왔던 삶의 고뇌와 하나님과의 만남을 조심스럽게 들을 수 있었다. 그것은 나에게 가장 아름다운 첫 호스피스 경험이다.

독일에 와서 임종을 맞이한 분들을 만나곤 한다. 양로원에서, 혹은 가정에서 그들이 천국에 잘 입성할 수 있도록 손잡아주고 찬송 부르는 것은 남아있는 그리스도인들의 몫이다. 육신의 장막을 벗는 순간은 인생의 끝에서 가장 고통스런 순간이다. 하지만 그 호흡이 멈추는 순간, 그리스도인은 영원한 안식과 평안을 누리게 된다.

　　마지막 이 땅과 이별하는 이를 위해 사랑하는 이들이 곁에서 찬양과 기도로 환송한다면 본향 가는 길이 행복해질 것이다.

고난의 열매를 먹다

_기도의 어머니, 석봉건 집사

"여호와가 너를 항상 인도하여 메마른 곳에서도 네 영혼을 만족하게 하며 네 뼈를 견고하게 하리니 너는 물 댄 동산 같겠고 물이 끊어지지 아니하는 샘 같을 것이라"(사 58:11)

이스라엘 역대 왕 중 가장 이름을 날린 왕이라면 다윗과 사울이다. 그들 인생에서 가장 큰 차이점은 고난의 유무다. 사울은 이스라엘의 초대왕으로 추대되었고, 다윗 또한 명망 있는 왕으로 역사에 기록되었다. 하지만 그들의 인생 말로는 달랐다. 사울은 초창기에 시련이 없었던 반면, 다윗은 쫓기는 신세로 척박한 광야의 삶을 걸었다. 혈기왕성한 20대에 시련과 고뇌를 겪은 다윗은 겸손을 배우며 하나님만 의지하게 된다. 하지만 사울은 국민들의 지지 속에 왕위를 받았지만 결국 비운의 결말을 맺게 된다. 교만은 패망의 선봉임을 알게 하는 대목이다. 때론 하나님은 고난을 통해 겸손을 배우게 하신다. 다윗의 이야기를 들어보면, 하나님께서 허락하신 시련은 성장을 위한 축복의 자리임을 깨닫게 된다.

하나님의 섭리를 인정하며 의지했던 여인, 석봉건 집사의 지나온 시간 또한 고난의 여정이었다. 하지만 그는 그때마다 다윗처럼 임마누엘 하나님을 경험한 축복의 사람이다.

석 집사의 어릴 적 꿈은 교사였다. 가고 싶은 대학에 시험을 봤지만 아쉽게도 운이 닿지 않았다. 다행히 춘천교대를 갈 수 있었지만 고향을 떠나 자취할 비용이 엄두가 나지 않았다. 자신은 집에서 독립하고 싶었지만 집에 도움을 요청할 수는 없었다. 실의에 빠져 있던 그에게 희소식이 들렸다. 친구를 통해 해외개발공사에서 독일에 갈 간호보조원을 뽑는다는 말을 듣게 되었다. 운명처럼 생각되었다. 고민할 틈도 없이 지원했고, 무작정 1년간 교육을 받았다.

그녀의 어린 시절은 기억하고 싶지 않은 슬픈 과거였다. 6남매의 둘째였지만, 언니와 자신을 제외하고는 모두 어머니가 다른 이복동생이었다. 그가 태어난 후 한 살이 되던 해 생모는 저 세상으로 떠났다. 이후 언니는 외할머니가 키웠고, 그는 친할머니 집에서 자랐다. 아버지가 재혼하자 언니는 아버지 집으로 들어갔고, 그는 열두 살이 될 때까지 충남 아산에 있는 할머니, 고모와 함께 살았다. 하지만 고모가 시집을 간 후 외로워진 그는 할머니를 조르기 시작했다. 서울에 사는 아버지 집에 들어가 살자고 설득했다.

그것은 아버지 집에서 살고 있는 언니가 부러웠기 때문이다. 언니는 방학 때면 자신이 사는 할머니 집에 놀러왔다. 시골에 살아 시커멓고 촌스러운 자신과는 달리 언니의 얼굴은 하얗고 고왔다. 슬그머니 서울에 대한 동경이 일었다. 그의 성화에 못 이겨 할머니는 시골에 있는 논밭을 모두 팔아 서울에 있는 아버지 집으로 들어갔다.

하지만 그때부터 석 집사의 삶은 고난의 연속이었다. 이미 터줏대감이었던 이복 남동생들의 폭력은 이루 말할 수 없었다. 회사에서 돌아온 아버지에게 낮에 자신이 맞았던 일을 이야기하면 아버지는 개나리 꽃대를 꺾어 동생들을 때렸다. 누나를 때린 벌이었다. 하지만 그것은 오히려 화근을 불러일으켰다. 새어머니의 또다른 폭행이 이어졌다.

"아버지가 회사 가고 나면 새어머니는 화가 나서 세 명의 이복동생들을 불러서 '너희들 속이 시원할 때까지 봉건을 힘껏 때리라'고 말했어요. 자신의 친아이들이 남편에게 맞는 것이 싫었던 거죠."

몇 년 동안 반복되는 폭력은 두려웠다. 새어머니와 동생들의 구박은 날로 더해갔다. 동생들의 시비는 도를 넘었지만 막을 재간은 없었다. 그는 더이상 동생들이 때린다는 것을 아버지에게 말하지도 못했다. 점점 동생들의 횡포는 심해졌다. 이러다 죽지 않을까 무서웠다. 8년간의 역겨운 삶은 1970년 새어머니가 병으로 세상을 떠나면서 끝나는 줄 알았다. 하지만 아버지는 다음 해에 또다른 여성과 재혼했다. 새어머니는 전처 소생들을 키워야 했다. 그러기에 미안해진 아버지는 새 어머니를 마치 공주처럼 떠받들었다. 그럴수록 그의 삶은 피폐해져갔다. 독일로 오게 된 결정적인 이유도 집을 탈출하고 싶었던 이유였다.

"다른 간호사들은 가난 때문에 왔다지만 나는 무조건 집을 탈출하고 싶었어요. 결혼이나 외국으로 나가지 않은 이상 집을 떠나기 힘들었거든요. 독일이 나에겐 구원자인 셈이죠."

1972년 10월, 석 집사가 독일에 도착할 때는 가을이 한창 깊어지고 있을 때였다. 그의 병원 기숙사는 숲 속에 있었다. 창문만 열면 사슴이 뛰어다니는 모습을 볼 수 있었다. 마치 백설공주가 마녀의 손에서 벗어나 숲 속에 사는 기분이랄까? 경이로운 자연 앞에서 그의 마음은 한없이 차분해졌다.

물론 병동생활은 호락호락하지 않았다. 처음 배정받은 곳은 어린이 정신병동이었다. 정신박약아를 낳은 부모가 더이상 키울 수 없어 버려진 아이들이 있는 곳이었다. 하루에 아홉 명 아이들을 나이별로 기저귀를 갈아주는 일도 했다.

어린이 정신병동에서 8년 정도 일하는 동안 병원에서 주관하는 보육 관련 3년 직업교육을 이수했다. 이후 경력이 쌓이면서 자발적 보행이 가능한 장애아를 관리했다.

"그때 정신병동 아이들 일곱 명을 데리고 6~7km 가량 되는 숲길을 걷기도 했어요. 전 그게 참 좋았어요. 다른 독일 간호사들이 미쳤다고 했어요. 아이들이 도망가면 모두 나 책임이어서 오히려 외출을 삼갔거든요."

그래도 그는 마냥 좋았고 행복했다. 가다 보면 놀이터가 있었고, 놀다 보면 시간이 흘러 병원으로 돌아오곤 했다. 마치 그 자신이 꿈꾸지 못한 행복한 어린 시절로 돌아간 것 같았다. 어린이 정신병동은 크고 작은 사건들이 많다. 보통 심한 증상을 가진 아이의 경우 양손을 묶어놓고 밤에는 한쪽을 풀어놓았다. 어느 날인가는 다른 독일 간호사가 양쪽을 묶어놓고는 근무를 했다. 아이가 버둥거리다가 묶어 놓은 줄에 목이 감겨 죽은 사건이 발생했다. 그런 경우는 안타깝고 가슴 아팠다.

"정신이 온전치 않은 아이들이라 무슨 일이 일어날지 모르는데 내가 근무하는 동안은 그런 사고가 나지 않아 개인적으로 감사가 나오지만 그래서인지 늘 기도하는 마음으로 일을 했어요."

한 번은 병동에 말 그대로 드라큐라처럼 머리를 길게 늘어뜨려 엉덩이까지 닿은 아이가 입원했다. 워낙 난폭했기 때문에 어떤 의사나 간호사도 그 아이의 몸에 손을 대지 못했다.

부모조차도 감당이 되지 않아 포기한 상태였다.

하지만 그는 답답한 마음에 발버둥치는 아이를 붙잡아서는 과감하게 머리카락을 잘라주었다. 아이는 처음 가위질을 할 때는 요동을 쳤지만 막상 다 마치고 거울을 보여주자 스스로도 달라진 모습에 오히려 좋아했다. 그때부터 아이는 그를 따르며 몸을 맡겼다.

1978년, 파독 광부인 정정수 씨와 결혼했다. 하지만 석 집사는 결혼할 당시 말 못할 고민이 있었다. 결혼 1년 전쯤 아랫배가 심하게 아파 산부인과 진료를 받았는데 '평생 아이를 못 낳을 것'이라는 진단을 받은 것.

"사실 남편 될 사람에게 털어놓아야 했는데 솔직히 그 말을 할 수가 없었어요."

결국 결혼을 했지만 내내 마음은 불편했다. 특히 남편 정씨가 아이를 무척 기다리는 것이다. 6개월이 지나도 아이가 생기지 않자 남편은 조급해했다. 그때부터 석 집사는 마음이 불안해졌다. 그때 하나님은 석 집사의 마음을 어루만졌다. 그는 독일 와서 믿게 된 하나님께 나아갔다. 그동안 외롭고 힘들 때마다 교회는 위로처가 되었다.

"내가 믿는 하나님을 붙잡을 수밖에 없었어요. 남편은 불임사실을 전혀 모르고 있으니 아이를 기다리고 있었구요."

그렇게 몇 달을 기도했는데 믿을 수 없는 일이 일어났다. 불임판정을 받았던 몸에 생명이 움텄고 건강한 딸아이를 출산했다. 진료했던 병원의 의사도 믿을 수 없다는 표정이었다. 기쁨은 이루 말할 수 없었다.

그는 이후 1980년부터는 3년 동안 보육 관련 직업교육을 받게 되었다. 공부에 열중하던 중 계획하지 않은 둘째아이를 임신했다. 하지만 아기를 원했던 간절한 마음이 있었던 첫째와는 달리 이번에는 기쁨보다 걱정이 앞섰다.

아이를 낳으면서 교육을 받기는 무리였다. 교육을 이수해야 한다는 욕심이 무엇보다 컸다. 고민한 끝에 낙태를 결정했다. 뱃속 아이의 생명을 지운 후 그는 극심한 고통 속으로 들어갔다. 수도꼭지를 틀어놓은 것처럼 끝없이 하혈을 했고, 독일 의사들도 원인을 찾지 못했다. 그때 실의에 빠져 누워 있는데 그의 귓속에 들리는 무언의 소리가 있었다.

'생명이 너의 것이냐?'

우레와 같은 소리였다. 이 한 마디에 석 집사는 아연실색했다. 하나님이 허락하신 생명을 없앤 후회와 자책감으로 오랜 시간을 보냈다. 하나님께 무릎을 꿇고 통곡하며 회개했다. 하나님은 1년 후 새 생명을 허락하셨다. 하지만 임신 12주가 되면서 또다시 하혈을 하기 시작했다. 말 그대로 양동이에 피를 쏟을 정도였다. 산부인과 의사는 아이의 심장소리가 들리지 않는다고 말하며, '이 아이는 당신 뱃속에 있길 원하지 않는다'고 말했다. 그리고 곧바로 낙태수술을 하자고 강제로 입원시켰다. 그날 그는 새벽 동틀 무렵까지 침대 바닥에서 뒹굴며 하나님 앞에 나아갔다.

"죽은 자를 살리시는 하나님…… 죽은 자를 살리시는 하나님."

그의 목소리는 절규에 가까웠다. 새벽 미명이 다가와도 그의 간절한 기도는 그치지 않았다. 이른 아침 의사는 수술 준비를 위해 들어왔고, 마지막으로 태아의 상태를 체크하던 중 태아의 심장이 뛰고 있다고 소리를 질렀다.

분명 어제만 해도 아이의 생명은 꺼진 상태였다. 열린 자궁문을 꿰매는 수술을 하고 약을 먹었다. 동료 간호사들은 또다시 그의 마음을 흔들기 시작했다. 그렇게 독한 약을 먹었으니 분명 기형아가 나올 것이라고 말하며 다시금 낙태수술을 권유했다.

태어나도 고통 가운데 살 거라는 말을 서슴없이 내뱉었다. 그는 이사야 58장 11절 말씀을 붙들었다.

"여호와가 너를 항상 인도하여 메마른 곳에서도 네 영혼을 만족하게 하며 네 뼈를 견고하게 하리니 너는 물 댄 동산 같 겠고 물이 끊어지지 아니하는 샘 같을 것이라."

하나님이 주신 말씀에 의지하며 마음의 유혹을 이기고 아기가 태어날 때까지 감사함으로 기다렸다. 예정일보다 5주 먼저 태어난 아들은 정상아로 태어났다. 지금 39살로 독일사회의 일원으로 장성한 몫을 해내고 있다.

"그때부터 전 낙태반대를 했어요. 제 친구 중 하나는 딸 둘을 낳고 또 딸 낳을까봐 낙태하려고 하더군요. 그래서 '제발 나를 살려 주세요'라는 제목의 독일어 책자를 읽어보라고 했더니 그집 남편이 그러는 거예요. '낳으면 유진 엄마가 키워 줄 거예요?'라고요."

그래도 그는 아기를 내버려두지 말라고 권유했고 그렇게 태어난 생명이 서너 명은 된다고 웃었다.

하지만 운명은 계속적으로 그를 쥐고 흔들었다. 아들을 낳은 후 8개월째 되던 때, 남편이 피를 토하며 쓰러진 것. 간경화 말기라는 진단이 나왔다. 병원에서는 6개월밖에 살지 못한다는 시한부 판정을 내렸다.

간경화 말기가 되면 식도 출혈이 위험하다고 했다. 의사는 식도로 향하는 혈관을 막는 수술을 하자는 것이다. 수술하면 1년을 살고, 하지 않으면 2개월밖에 못 산다고 말했다. 그의 마음속에서 잠시 동요가 일었다.

하지만 남편을 위한 기도를 하던 중 '살려 주신다'는 믿음이 왔다. 석 집사는 수술을 하지 않겠다고 담대하게 의사에게 말했다. 스스로 말씀을 붙잡고 선포한 것이다.

"그때 수술을 했으면 어쩌면 1년밖에 못 살았을 거예요. 대동맥을 막는 수술이었는데 수술 후가 더 힘들거든요. 지금까지 살고 있으니 얼마나 감사한지. 하나님은 저의 믿음을 늘 달아보시는 것 같아요"

남편은 그 후로 계속적인 위기의 순간을 만났다. 의사는 남편이 얼마 못 살 거라며 장례식 준비하라는 말을 반복했다. 남편의 몸은 간질환으로 앙상해져갔고 배만 부풀어 올라 눈뜨고 볼 수 없었다. 그럴수록 그는 성령이 말하는 소리에 집중했다.

"내 남편은 살아서 더욱 건강해질 거라고 기도하며 나아갔어요. 하루하루가 힘들었고 포기하고 싶었지만 그때마다 옆에서 중보해주는 사람들의 힘으로 살 수 있었네요."

남편은 1989년 간이식 수술을 성공리에 마쳤다. 간 이식 순서를 기다릴 때는 하루가 천 년 같았다고 석 집사는 말했다. 남편 정씨는 건강을 회복해, 결혼할 때부터 몸담았던 자동차 회사 BMW에서 성실하게 일한 후 2016년 정년퇴직했다. 또한 한인 역사상 최다 득표를 얻고 베를린 한인회장으로 추대되었다.

석봉건 집사는 한국을 방문한 기억이 별로 없다. 가슴 아픈 어린 날의 기억 때문이었다. 1981년에 처음 한국을 방문했고, 지금까지 몇 번 가지 못했다. 이방인이 느끼는 향수병은 그녀에게 사치일 뿐이었다. 고향에 대한 기억은 지독한 폭력과 학대의 흔적이다. 하지만 하나님은 그의 눈물의 기도를 저버리지 않았다. 눈물로 지새웠던 지나온 삶을 하나님은 모두 기억하고 계셨다.

그는 첫째 딸이 태어날 때부터 '딸이 목회자 사모가 되게 해 달라'고 하나님께 간절히 기도했다. 하나님은 그 기도의 열매를 28년이 지난 후 맺게 하셨다. 그의 딸 정유진 사모는 현재 문현근 목사의 아내로 사명을 감당하고 있다.

돌이켜보면 하나님은 그의 기도를 한 번도 잊은 적이 없다. 고통 속에 힘들었던 어린 시절도 간호사 근무 때도, 시련으로 쓰러질 때도 하나님은 늘 임마누엘이었다. 그에게 고난은 변장된 축복이었다.

  석봉건 집사는 간증과도 같은 긴 편지를 보내오곤 한다. 그의 편지는 받는 이에게 위로를 건네며 마음을 성령께로 이끈다. 이국땅에서 고난의 삶을 겪어본 이라면 그가 표현하는 하나님께 절규하는 기도를 공감할 것이다. 그가 나에게 보내온 카톡 편지 글을 공개한다.

  박 집사님!

  지친 일 가운데서도 힘을 잃지 않은 것은 주의 오른팔이 붙들고 있기 때문입니다. 라는 고백이 저를 감동시키시며 주님께서 집사님 가정을 품에 안으시며 푸른 초장으로 인도하실 걸 기대하며 제 눈에 눈물이 철철 흐르게 하십니다.

  집사님!

  옛날에 저희 남편이 사경을 헤맬 때 이식을 기다릴 때 언제 어느 날에 간 이식이 될지 모르는 긴박한 기간에 정말 그 3주간은 피가 마르는 것 같은 절박감이 저를 짓눌렀습니다. 그때 제가 택한 방법은 하루씩만 견디기로 결정했습니다. 하루 이상은 생각지 않기로 했습니다.

  그러나 제가 견뎌낸 것이 아니었습니다. 때론 주님께 따지기도 했습니다. 주님 고쳐주신다 하시더니 점점 하루 버티기가 어려운데 제가 주님 약속 들은 것이 맞나요? 제가 착각했나요? 그 3주간은 30년보다 더 길었습니다.

  남편은 복수가 차올라서 숨쉬기가 고통스러워서 제가 방문할 때마다 그 2층 병실에서 뛰어내리겠노라고 저를 놀라게 했었지요. 한데 그 암흑 같은 시절이 다

지나가서 이제 이식수술한 지 30년이 넘어서네요. 정말 저의 고백은 주님이 감당해 주셔서 여기까지 왔습니다. 라는 고백만 드릴 뿐입니다. 주님의 팔은 언제나 따뜻합니다.

그의 고백을 들을 때마다 기도를 드린다. 지나온 삶 동안 그의 눈물을 닦아주신 하나님이 동일하게 지금도 고통당하는 많은 디아스포라와 주님의 자녀들을 보호해 주시길 두 손을 모은다.

PRAY

독일 디아스포라,
그 삶의 발자취

한국인의 독일 이주는 취업이민의 성격을 띠고 있다. 2차 대전을 겪은 독일은 폐허가 된 나라의 사회기반시설을 메워줄 노동력이 필요했다. 파독 광부와 간호사의 독일 유입도 이러한 시대적 요구에 맞물려 이주가 가능했다.

1963년 파독광부 1차 파견을 시작으로, 1966년 파독 간호사의 1차 입국과 함께 1977년까지 독일에 온 한인 근로자는 대략 1만 8천여 명으로 추산되었다. 이들 중 3분의 1은 귀국, 3분의 1은 미국이나 캐나다 등 제3국으로 2차 이주를 했고 나머지만 독일에 잔류하게 되었다. 독일에 거주한 한인들은 성실하고 강한 인상으로 이국땅에 뿌리내릴 수 있었고 한국의 세계화에 교두보 역할을 했다.

한인들의 독일 정착에 가장 큰 역할은 한 것은 교회다. 한인교회 역사는 파독광부와 간호사의 역사이기도 하다. 그들은 원래 3년 계약직으로 돌아갈 위기에 처해 있었지만 서명운동과 집회를 통해 법적으로 장기체류가 가능하게 되었다. 이러한 활동의 저변에는 한인교회가 있다. 따라서 독일 내 한인사회의 토대가 된 것은 부인할 수 없다.

독일은 기독교 국가다. 1950년대에는 전 인구의 50%가 기독교인, 가톨릭 교인이 45%에 달했다. 인구의 대다수가 태어날 때부터 종교적 배경을 가진 셈이다. 하지만 시간이 흐르면서 무슬림 인구의 성장과 다양성으로 기독교 국가의 정체성이 희미해지고 있었다. 이런 상황에서 한인교회의 성장지표는 독일 기독교 사회의 새로운 도전이 되었다. 물론 독일 전체 인구에서 한인 기독인의 숫자는 소수지만 영적 부흥의 목소리는 서서히 독일사회로 흘러들어갔다. 독일인들은 겨우 기독교 100주년 역사를 가진 한국인들이 이국땅 독일에서 복음을 전하는 모습을 호기심 가득한 시선으로 바라보았을 것이다. 초창기 한인들은 자체적으로 기숙사에서 예배를 드리거나 더 나아가 독일교회를 빌려 기도회로 모였다.

신앙인들은 가정에서도 함께 소그룹 예배를 드리기 시작했다. 파독 노동자들이 오기 전에는 소수의 한인 유학생들을 중심으로 유학생 교회가 세워졌다. 유학생 교회는 주로 기숙사나 지역 독일교회의 친교실이었다.

1963년부터 파독 노동자들이 대거 유입되면서 좀더 조직화되기 시작했다. 초창기에는 파독 광부들이 주축이 된 광산 기숙사 교회들이 생겨나기도 했고 독일교회의 지원을 통해 한인교회는 동반 성장할 수 있었다. 하지만 점점 늘어난 한인 교회 수와 그에 따라 자립이 어려운 소규모 교회가 많아지면서 교회 운영에 취약점이 많이 나타났다. 이러한 분위기는 독일 개신교회(EKD)에 정식으로 한인 목회자를 통해 영적 도움을 받고 싶다고 요청하기에 이르렀다.

이에 따라 독일 개신교회연합과 한국기독교연합 사이에 협정을 맺어 1972년 한국에서 목사 5명이 독일에 파견되었다. 5명의 목사는 베를린, 함부르크, 노르트라인 베스트팔렌, 프랑크푸르트와 슈투트가르트에 배정되었다. 독일 교회가 한국인 파독 근로자들을 위해 한인 목회자를 세워주었고 이때 세워진 교회들이 연합해 '기독교 재독한인교회협의회'가 구성되기도 했다. 현재 독일 내 한인 거주자는 4만 5천여 명이며 150여 개의 한인교회가 있다.

독일에 사는 기독 한인들 중에는 이미 한국에서부터 신앙 생활을 유지해온 이들과 이곳에서 동료를 통해 영접한 근로 자들도 더러 있었다. 이국땅에서 어려움을 나누는 곳으로 교회를 찾게 된 것은 가장 대표적인 전도의 모티브가 되었다.

한인 교회들은 재독 한인사회의 거점이 되어 한인들의 구심점으로 자리 잡았다. 최초의 개신교회는 1964년 아헨을 중심으로 노르트라인 베스트팔렌 각 도시에 설립되었고 이후

1966년 베를린 지역, 69년 라인마인 지역과 함부르크 지역에 세워졌다. 독일의 수도인 베를린의 경우 가장 오래된 한인 공동체는 기독교 장로회 소속의 베를린 한인교회다. 1967년 11월에 창립되었지만 역사는 그보다 오래다.

베를린 하펠 회헤(Havel Höhe)병원 원목으로 근무했던 독일인 크루제 목사가 한인 간호사들을 위해 독일어 공부모임을 만들고 예배를 드리기 시작한 것부터다. 6개월이 지난 67년 5월부터는 서베를린의 상징인 카이저 빌헬름황제 기념교회에 초대해 예배를 드렸다.

이후 파독 간호사 유입 증가로 독일 정착을 위해서는 한국인 목회자가 절실하다고 크루제 목사는 판단했다. 베를린 주교회에 한국인 목회자 청빙을 제안했고 이로써 당시 연세대 연합신학대학원 교수였던 고(故) 정하은 목사가 초대 목회자로 부임했다.

1972년 2월 7일에는 첫 주보가 발간되기도 했다. 한인교회의 모태가 된 크루제 목사의 헌신은 베를린 1세대 한인 기독교인들에게 회자되고 있다. 그가 헌신한 한인교회 공동체는 독일 내 한인 기독교사의 밑거름이 되었다.

이즈음에 UBF(대학생성경읽기선교회)가 독일 선교의 불을 지폈고 69년 간호사 선교사들을 파송하며 독일 현지인 선교에도 관심을 기울였다.

그들은 독일로 떠나는 선교사들을 위해 제자훈련을 통해 선교사 증서를 주고 선교사들로 임명해 파송했다. 현재 재독 한인교회는 고령화된 1세대와 함께 2세, 3세를 이어 유학생 및 다양한 동기로 이주한 3~40대로 이루어져 있다. 그들은 독일 내에서 의지할 데 없는 마음을 교회와 십자가를 통해 위안을 삼고 있다.

물론 이민교회의 특성답게 유동성이 크지만 그 안에서 순례자의 길을 가며 자신의 사명을 인식하고 신앙생활하는 기독인들을 만나게 된다.

세계는 한인 디아스포라 시대다. 하나님은 민족을 흩으시고 흩으신 곳에서 전도의 열매를 맺게 하신다. 독일 또한 각 도시마다 세워주신 한인교회마다 생수의 강이 넘쳐흘러 역으로 독일 지역사회와 독일 교회에도 도전을 주고 있다.

이제는 한인 사회 내 복음 전파의 사명뿐만 아니라 독일 내 기독인들의 각성과 재복음화에도 눈을 돌려야 할 때이다. 무슬림으로 잠식되어 가고 고령화되고 있는 독일교회에 다시금 종교개혁의 물결이 일길 소망한다.

동양의 작은 나라, 대한민국에서 온 믿음의 동역자들이 이 땅 독일, 그리고 전 세계의 디아스포라로 그리스도의 계절을 불러오길 기도한다.

내가 **가는 길**을 오직 그가 **아시나니**
그가 나를 **단련**하신 후에는
내가 **정금**같이 나오리라

_박경란 저자

1970년대 무렵에 태어났던 이가

50년대 이전의 사람들을 만났다.

그들을 만나기 전에는 조금 두려웠다.

공유하지 못했던 시간의 공백을 메울 수 있을까여서다.

하지만 헤어질 땐 그 고민은 기우임을 깨닫게 되었다.

사랑으로, 때로는 은혜로 그리고 결국엔

그리스도의 지체라는 생각에 마음이 한없이 뜨거워졌다.

언젠가는 우리 모두 본향에서 만날 것을 알기에

이 땅에서 서둘러 무언가 정리해야 할 이유도 없었다.

있는 그대로를 여과 없이 담았다.

만날 때마다 중재자가 따로 있었다.

하나님, 성령님, 예수님 삼위일체의 그분이었다.

이 책은 그분과의 공저이기에

겸양의 말도 꺼내기 두렵다.

단지 떨리는 마음으로 이 책의 마지막을 덮는다.

이곳에서 만난 우리 모두 지금 시대를 걸으며,

앞서거니 뒤서거니 육신의 장막을 벗을 때가 올 것을 안다.

그때서야 비로소 더 확연히 알게 될 것이다.

왜 우리는 자신의 고향을 떠났으며, 먼 길을 가고 있는지.

나를 포함해 전 세계 흩어져 있는 디아스포라 한민족과

고국 땅에서 광야를 걷는 이들

그리고 복음으로 하나된 주의 백성들이

그곳에서 거룩하게 만나게 될 것을 믿는다.

책을 집필하는 과정에서,

만났지만 여러 이유로 이 그릇에 담지 못했거나

혹은 과정 중에 순례자의 여정을 마친

이들 모두에게 이 책을 가슴으로 헌정한다.

이 땅의 모든 그리스도인들이

영원한 고향에서 영광의 찬양을 올리며

승리의 나팔을 부를 때

먼저 가신 신앙의 선배들이 기쁨으로

마중 나올 것을 기대한다.

순수한 믿음의 사람, 고 박형순 장로님과

무릎으로 기도하는 여인, 정현자 권사님

사랑으로 늘 보듬아주시는, 강종원 장로님

주님의 딸로 온유한 삶을 살다가신, 고 문옥희 권사님
또한 전 세계에 흩어져 복음전도의 열정으로 함께 한
형제자매 각 가정들에게
그리스도의 흔적과 사랑을 공유한다.

그리고 난 이 길을 묵묵히 걸어가려 한다.

2020년 8월

독일 베를린 슈테글리츠에서 박경란

| 포토회상 |

독일 한인 1세대
흔적과 기록

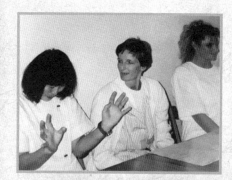

Wenn man die Liebe Gottes bezweifelt···

252

Toi, toi, toi für

DIE KORIES

Von Susi Kirchner-Enders

Ein Branchenkenner und tüchtiger Manager war fündig: Fünf koreanische Krankenschwestern, die am Stadtkrankenhaus Offenbach und in der Frankfurter Universitätsklinik arbeiten, haben das erreicht, wovon unzählige Gesangsgruppen und Chöre jahrelang nur träumen. Sie haben ihre erste Single auf dem Plattenmarkt. Natürlich konnten die Koreanerinnen nicht singen, was sie wollen, sondern sie müssen das, was von ihnen in Platten gepreßt wird, dem gerade gängigen Sound am Hitmarkt anpassen. Aber Koreanerinnen, das verspricht nach hierzulande gültiger Meinung Exotisches — und das zieht immer. So erhoffen sich alle Beteiligten ein gutes Geschäft, den kometengleichen Aufstieg der „Kories". Und die Betroffenen? Denen ist es eigentlich beinahe egal.

„Wir könnten drei Jahre weiter sein", seufzt denn auch der Manager und väterlich-onkelhafte Freund, der als Patient im Offenbacher Stadtkrankenhaus

seine Bekanntschaft mit den Koreanerinnen begründet hat („Es war peinlich das zu sagen, aber mir war es lieber, wenn eine koreanische Schwester zum Spritzen kam"). Weil sie öfters mal vor sich hinträllerten (nicht im Dienst, dafür hätte wohl kaum eine Pflegedienstleitung Verständnis — Patienten schon eher) und aus ihrer Kindheit in Korea so erzdeutsche Volks- und Kinderlieder wie die „Loreley", „Am Brunnen vor dem Tore", „O Tannenbaum" oder „Hänschen klein" — natürlich auf Koreanisch — singen, erkannte der ältere Freund den Wohllaut ihrer Stimmen. Und als Minja Chung, die auf der inneren Station des Offenbacher Stadtkrankenhauses arbeitet, einmal bei einem Fest ein koreanisches Lied zum besten gab, nahm das Zureden kein Ende. Leute vom Fach redeten mit Engelszungen: Maria Helwig, der „Bundesbuffo" Willy Hofmann. Aber die Antwort war erst einmal fernöstliche Gelassenheit.

Soonsoo Park-Won — sie hat übrigens in Deutschland einen koreanischen Studenten geheiratet — und Kyoungsook Joo (ihr Name bedeutet „die Liebenswürdige") arbeiten beide wie Minja Chung im Offenbacher Stadtkrankenhaus, die „Liebenswürdige" als OP-Schwester in der Urologie. Ihre Freundinnen Mija No (HNO) und Namsook Park (OP-Schwester Chirurgie) sind dagegen an der Frankfurter Universitätsklinik beschäftigt. Alle fünf sind seit vier Jahren in der Bundesrepublik, sie sprechen recht gut Deutsch, Minja Chung schreibt es, wie ich mich überzeugen durfte, auch recht gut; und sie sind voll des Lobes auf ihre deutschen Kolleginnen. Dennoch leben sie voller Zurückhaltung und scheuen die Öffent-

Foto: Bellaphon

Foto: Bellaphon

독일 한인 1세대 흔적과 기록 255

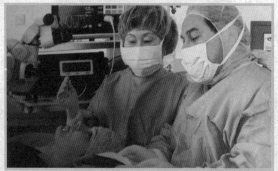

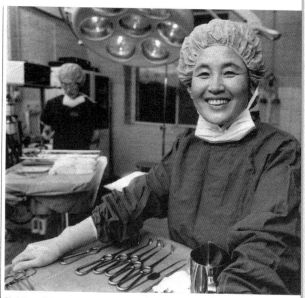

Die rechte Hand des Chirurgen: Mi-Ja No arbeitet seit 16 Jahren als OP-Schwester in der Frankfurter Universitätsklinik. Das Eingewöhnen in Deutschland war nicht immer leicht. Jetzt hat sie einen deutschen Ehemann und fühlt sich als Frankfurterin

Sie leben, lieben und arbeiten in Deutschland

DIE WEISSEN ENGEL AUS KOREA

Von 11 000 koreanischen Krankenschwestern, die in den 70er Jahren nach Deutschland kamen, arbeiten heute noch 4500 bei uns. Wie sie sich eingelebt haben und welche Probleme es dabei gab, ermittelte QUICK in dieser Bestandsaufnahme

Den scharf eingelegten Chinakohl mag sie lieber als die traditionellen Frankfurter mit Kraut. Trotzdem fühlt sich die 43jährige Mi-Ja Zahradnicek-No als Frankfurterin. Korea und das kleine Fischerdörfchen, in dem sie die ersten 20 Lebensjahre verbrachte, sind ihr fremd geworden. Aber auch deutsche Wesensart ist ihr noch nicht ganz vertraut. Ein Leben zwischen zwei Welten.

Seit 16 Jahren lebt und arbeitet Mi-Ja – das bedeutet soviel wie „schöne Tochter" – in Frankfurt. Sie ist eine der rund 11 000 Koreanerinnen, die zwischen 1964 und 1976 nach Deutschland kamen. Damals herrschte hier akuter Schwesternmangel. Für deutsche Frauen war dieser Beruf nicht attraktiv: unterbezahlt, mit zu langen Arbeitszeiten. Da aber in den Krankenhäusern 30 000 Schwestern und Schwesternhelferinnen fehlten, versuchten private Vermittler durch Anwerbung in Korea die Lücke zu schließen.

Gut ausgebildete Schwestern

gab es dort wie Sand am M... Ende der 70er Jahre übernah... Frankfurt die Deutsche Kran... hausgesellschaft in Zusamme... beit mit den zuständigen kore... schen Regierungsstellen d... Aufgabe. Für viele Koreane... nen war der Hilferuf aus Deut... land die große Chance. Denn... wollten nach Europa. Raus... der Enge des eigenen Lan... „Wie ich, hatten auch alle m... Freundinnen den Wunsch, E... pa kennenzulernen", sagt M... „Es war richtig Mode, in Deut... arbeiten. Ständig sprachen... davon und malten es uns in... glühendsten Farben aus. Abe... Eltern waren total dagegen. M... Vater hat schließlich, wenn a... ungern, seine Einwilligung g... ben. Und die brauchte man... gehört sich so für eine gute To... ter. Ein Leben lang."

Mi-Ja No ist eine der 4... Koreanerinnen, die von den... mals eingereisten 11 000 Ko... nerinnen noch heute in Deut... land leben. Viele arbeiten... damals in ihrem Beruf als Sch...

Gute Zusammenarbeit mit den deutschen Kolleginnen: Won Soon Ym (rechts) im Labor des Kreiskrankenhauses Göppingen. Sie hat es dort zur leitenden Stationsschwester gebracht. Nur ungern denkt sie an ihre Anfangszeit in Deutschland zurück. „Wir Schwestern aus Korea mußten niedere Arbeit tun"

Sanft und einfühlsam: Sang-Ki Park (rechts, mit einer Patientin) ist auch die Vorsitzende des Koreanischen Schwesternvereins in Frankfurt. Die heute 60jährige kam 1971 nach Deutschland und wollte nur kurz bleiben. Jetzt möchte sie nicht mehr in ihre Heimat zurück

Daheim in Frankfurt: Mi-Ja No (Mitte) beim gemütlichen Plausch im Wohnzimmer. Die 20jährige Tochter Ja-Young (links) stammt aus erster Ehe mit einem Koreaner. Jetzt ist Mi-Ja mit dem Deutschen Adolf Zahradnicek (rechts) verheiratet. „Als mein Vater seinen Vornamen hörte, war er gegen die Ehe"

»UNSEREN LANDSLEUTEN SIND WIR SCHON ZU DEUTSCH«

ster, einige haben einen Deutschen, manche einen Koreaner geheiratet. Der abgewanderte Teil ist nach Amerika gegangen oder mußte in die Heimat zurück, weil die Arbeitserlaubnis nicht verlängert wurde. Denn als es ab 1976 genug deutschen Krankenschwesternnachwuchs gab, waren die Koreanerinnen plötzlich unerwünscht.

Mi-Ja hatte Glück. Sie lebte schon länger als fünf Jahre in Deutschland, als der Abschiebeboom begann. Und sie heiratete 1976 ihren Mann, Adolf Zahradnicek. Jetzt besäß sie die deutsche Staatsangehörigkeit und brauchte sich nicht, wie viele ihrer Freundinnen, mit bürokratischen Schikanen herumzuplagen. Mi-Ja No ist die Integration in deutsche Sitten und Denkweisen besser gelungen als den meisten ihrer Landsmänninnen. Sie spricht beinahe perfekt deutsch und hat sogar ein wenig von der deutschen Betriebsamkeit und Hektik angenommen. Mi-Ja hat es geschafft. Sie arbeitet als Operationsschwester in der Frankfurter Universitätsklinik, bald sogar als leitende Schwester.

Aber auch für sie waren die ersten Jahre in Deutschland schwer, die Kontraste zwischen Korea und Deutschland zu groß, die Probleme programmiert. „Anfangs haben wir Koreanerinnen jede Minute hier bereut", erinnert sich Mi-Ja.

Das größte Problem war, sich durchzusetzen. Die Schwestern aus Korea mußten lernen, daß man sich in Deutschland wehren und täglich aufs neue behaupten muß – denn „Bescheidenheit gilt hier als Dummheit". Die Wärme und Geduld, die den Koreanerinnen bei den Patienten zu Recht den Ruf von barmherzigen Samariterinnen und sanften Engeln einbrachte, hatten auch Schattenseiten. Diese „lieben Schwestern" wurden trotz Examen und meist langjähriger Berufserfahrung nicht für voll genommen. „Putzen, Essen austragen und viele Nachtschichten – alle unangenehmen und niederen Dienste mußten wir machen."

Won Soon Ym, 48, seit 20 Jahren in Deutschland und heute leitende Stationsschwester im Kreiskrankenhaus Göppingen, wird immer noch ein bißchen wütend, wenn sie daran zurückdenkt. Das war die Kehrseite des Lobliedes auf die immer freundlichen Schwestern aus Korea. Nur die Herzlichkeit der Patienten hat viele aufgerichtet und zum Ausharren veranlaßt. Sanftheit und Idealismus gehören in Korea zu den erstrebenswerten Tugenden. Kein Wunder, daß die Patienten von den zierlichen, einfühlsamen Schwestern begeistert waren.

„Menschlichkeit", sagt Won Soon Ym, „brauchen wir Koreanerinnen nicht künstlich aufzutragen, sie ist für uns selbstverständlich."

Bei all den Schwierigkeiten und oft plumpen Vertraulichkeiten deutscher Männer ist es ein wahres Wunder, daß sich so viele Koreanerinnen hier ein neues Zuhause erkämpft haben. Aber der Sprung zurück in die Heimat wäre ja auch nicht leicht geworden. Von deutscher Selbständigkeit, Freiheit und Gleichberechtigung der Frau „infiziert", wären sie dort mißtrauisch beäugt worden. Besonders als unverheiratete Frauen. Darin sind sich Won Soon Ym und ihre Kollegin Jung-Im Yang, 36, die als Narkoseschwester im Deutschen Herzzentrum in München arbeitet, einig. In Korea sind ledige Frauen ab 30 Außenseiterinnen. Unverheiratet zu sein, das ist dort ein Makel.

Für die meisten Schwestern wurde Korea inzwischen zum Urlaubsland. In der alten Heimat kommen wehmütige Erinnerungen hoch und die Gewißheit, daß man anders geworden ist. Zu europäisch, zu deutsch. Statt Reis zum Frühstück ißt man lieber ein weichgekochtes Ei und Marmeladebrötchen. Man schläft lieber im Bett als auf dem Boden.

Daß aber niemand seine Erziehung ganz abschütteln kann, wurde Mi-Ja No schmerzlich bewußt, als ihr Vater die Einwilligung zur Heirat mit einem Deutschen verweigerte. „Als ich ihm sagte, daß mein Zukünftiger Adolf heißt, war vorerst alles aus. Erst nach langer Zeit gab er ihm seinen Segen."

Heute haben die Koreanerinnen nur noch wenige Probleme. Aber alle fühlen sich betroffen und berührt von der Ausländerfeindlichkeit, die in den letzten Jahren in Deutschland gelegentlich zu spüren war.

Seit über einem Jahr gibt es in Deutschland einen Koreanischen Schwesternverband. Mi-Ja ist die Geschäftsführerin. Die Mitglieder engagieren sich nicht nur für Koreaner, sondern auch für Deutsche. Ihnen allen liegt die Problematik des Alters sehr am Herzen. „Abschieben in Altersheime – das kennen man in Korea nicht." Darüber hinaus veranstaltet der Verband Seminare, er informiert über Fortbildungsmaßnahmen und pflegt die eigene Kultur. „Wir müssen ein Stückchen davon für unsere Kinder erhalten. Viel Arbeit liegt noch vor uns."

Die Koreanerinnen, einst ängstlich, bescheiden und doch voller Stolz nach Deutschland gekommen, sind selbstbewußt geworden. Aber sie haben sich ihre Sanftheit bewahrt.   *Barbara Wilde*